"十四五"职业教育国家规划教材

"十三五"职业教育国家规划教材
"十三五"职业教育新能源汽车专业"互联网+"创新教材

混合动力电动汽车结构原理与检修

主　编　宫英伟　张北北

副主编　薛　菲　高　磊　葛　翘

参　编　杨爱新　徐思亮　马萌萌　刘飞凡

主　审　马长春　殷国松

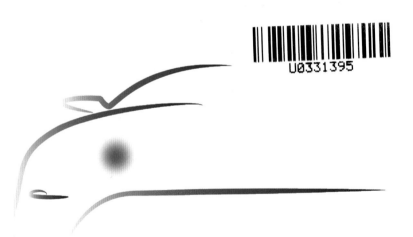

U0331395

机械工业出版社

本书是"十四五"职业教育国家规划教材。

　　为了适应新时期职业教育人才培养的需要，以及科学技术发展的新趋势和新特点，我们组织教师和企业专家成立了课程研发小组，用"互联网＋汽车专业"思维创新模式，编写了这套"十三五"职业教育新能源汽车专业"互联网＋"创新教材，包括《走进新能源汽车》《电动汽车检查与维护》《电动汽车结构原理与检修》《电动汽车总装技术》《混合动力电动汽车结构原理与检修》以及相应工作页。

　　本书共7个学习情景，21个学习任务，以当前市场主流混合动力车型的结构为基础，在充分讲授混合动力电动汽车原理的系统性和典型性的基础上，重点介绍了混合动力电动汽车认知、混合动力电动汽车高压维修操作安全、混合动力电动汽车动力蓄电池结构原理、混合动力电动汽车动力系统结构原理、混合动力电动汽车辅助系统、比亚迪秦混合动力电动汽车原理与检修、卡罗拉混合动力电动汽车原理与检修。本书还配有工作页与各学习情景一一对应（需另行购买）。本书融合了大量的图片，并整合移动多媒体技术，在文本附近设置二维码，读者用智能手机扫描后，便可观看学习相关的多媒体内容，方便读者理解相关知识，以便更深入地学习。

　　本书可作为职业院校新能源汽车和汽车维修等相关专业的教学用书，也可作为汽车企业的培训资料，还可以作为混合动力电动汽车的大众科普读物。

图书在版编目（CIP）数据

混合动力电动汽车结构原理与检修/宫英伟，张北北主编. —北京：机械工业出版社，2018.9（2025.6重印）

"十三五"职业教育新能源汽车专业"互联网＋"创新教材

ISBN 978-7-111-60431-0

Ⅰ．①混…　Ⅱ．①宫…②张…　Ⅲ．①混合动力汽车－电动汽车－职业教育－教材　Ⅳ．①U469.72

中国版本图书馆 CIP 数据核字（2018）第 155290 号

机械工业出版社（北京市百万庄大街22号　邮政编码100037）
策划编辑：曹新宇　责任编辑：曹新宇　牛砚斐
责任校对：张　力　封面设计：马精明
责任印制：郜　敏
天津市银博印刷集团有限公司印刷
2025 年 6 月第 1 版第 17 次印刷
210mm×285mm·12.5 印张·281 千字
标准书号：ISBN 978-7-111-60431-0
定价：49.80 元

电话服务　　　　　　　　　　　网络服务

客服电话：010-88361066　　　机 工 官 网：www.cmpbook.com

　　　　　010-88379833　　　机 工 官 博：weibo.com/cmp1952

　　　　　010-68326294　　　金 　书 　网：www.golden-book.com

封底无防伪标均为盗版　　　机工教育服务网：www.cmpedu.com

关于"十四五"职业教育
国家规划教材的出版说明

为贯彻落实《中共中央关于认真学习宣传贯彻党的二十大精神的决定》《习近平新时代中国特色社会主义思想进课程教材指南》《职业院校教材管理办法》等文件精神，机械工业出版社与教材编写团队一道，认真执行思政内容进教材、进课堂、进头脑要求，尊重教育规律，遵循学科特点，对教材内容进行了更新，着力落实以下要求：

1. 提升教材铸魂育人功能，培育、践行社会主义核心价值观，教育引导学生树立共产主义远大理想和中国特色社会主义共同理想，坚定"四个自信"，厚植爱国主义情怀，把爱国情、强国志、报国行自觉融入建设社会主义现代化强国、实现中华民族伟大复兴的奋斗之中。同时，弘扬中华优秀传统文化，深入开展宪法法治教育。

2. 注重科学思维方法训练和科学伦理教育，培养学生探索未知、追求真理、勇攀科学高峰的责任感和使命感；强化学生工程伦理教育，培养学生精益求精的大国工匠精神，激发学生科技报国的家国情怀和使命担当。加快构建中国特色哲学社会科学学科体系、学术体系、话语体系。帮助学生了解相关专业和行业领域的国家战略、法律法规和相关政策，引导学生深入社会实践、关注现实问题，培育学生经世济民、诚信服务、德法兼修的职业素养。

3. 教育引导学生深刻理解并自觉实践各行业的职业精神、职业规范，增强职业责任感，培养遵纪守法、爱岗敬业、无私奉献、诚实守信、公道办事、开拓创新的职业品格和行为习惯。

在此基础上，及时更新教材知识内容，体现产业发展的新技术、新工艺、新规范、新标准。加强教材数字化建设，丰富配套资源，形成可听、可视、可练、可互动的融媒体教材。

教材建设需要各方的共同努力，也欢迎相关教材使用院校的师生及时反馈意见和建议，我们将认真组织力量进行研究，在后续重印及再版时吸纳改进，不断推动高质量教材出版。

机械工业出版社

前言

随着石油资源的逐渐稀缺、人们环保意识的提高，混合动力电动汽车及纯电动汽车将成为 21 世纪前几十年汽车发展的主流。我国政府也已经在国家高技术研究发展计划中专门开列了包括混合动力电动汽车在内的电动汽车重大专项。目前，我国在新能源汽车的自主创新过程中，在政府支持下，坚持以核心技术、关键部件和系统集成为重点的原则，确立了以混合动力电动汽车、纯电动汽车、燃料电池电动汽车为"三纵"，以整车控制系统、驱动电机系统、动力蓄电池/燃料电池为"三横"的研发布局，通过产、学、研紧密合作，我国混合动力电动汽车的自主创新取得了重大进展。

目前，国内汽车企业已将混合动力电动汽车作为未来主流竞争型产品，在战略上高度重视，一汽、东风、上汽、长安、奇瑞、比亚迪等都已投入了大量的资金开展混合动力电动汽车的研发，同时新能源汽车行业前、后市场对技能人才的需求量也在不断增大。为此，我们组织教师和企业人员成立课程研发小组，主要结合企业岗位的实际需求，并广泛参考借鉴了国内外新能源汽车方面的研究成果，形成以模块式课程为载体、以工作过程为主线、以任务驱动教学为主要形式的专业课程开发思路，编写了本套教材，包括《走进新能源汽车》《电动汽车检查与维护》《电动汽车结构原理与检修》《电动汽车总装技术》《混合动力电动汽车结构原理与检修》以及相应工作页。

本书始终坚持正确的政治方向，以国家和社会的需求为导向，以专业人才培养目标为依据，以所在专业能力结构为主线。本次重印，将习近平新时代中国特色社会主义思想和党的二十大精神融入教材，以全力打造精品教材为出发点，以每一个学习情境、每一个学习任务、每一幅插图为落脚点，全面落实立德树人的根本任务，发挥铸魂育人的实效。

本书采用学习任务导入模式，设定的情景多来源于企业一线，并配合教学一线的教学经验，具有很好的教学效果。本书以目前市场主流混合动力电动汽车的车型为参考，以混合动力电动汽车的主流技术及其检修方法为出发点，按照汽车维修职业岗位应掌握的技能和知识，进行学习情景的课程教学，对混合动力电动汽车的维修知识进行了全方位的讲解。七个学习情景分别为混合动力电动汽车认知、混合动力电动汽车高压维修操作安全、混合动力电动汽车动力蓄电池结构原理、混合动力电动汽车动力系统结构原理、混合动力电动汽车辅助系统、比亚迪秦混合动力电动汽车原理与检修、卡罗拉混合动力电动汽车原理与检修。每个学习情景内容由若干个学习任务组成，学习任务按学习目标、任务描述和知识准备三个部分展开。知识准备保证知识和技能的系统性。编者们深入到混合动力电动汽车维修一线收集整理关于各系统的常见故障及维修思路，选取了混合动力电动汽车检修的典型工作任务，并从实际维修环节中收集了大量的故障案例进行总结，同时融入了小贴士、课堂练习、知识拓展等环节，丰富了教学内容，培养学生具备故障诊断的专业技能和思维方式，具备安全规范、服务意识和责任心，具备精益求精的工作作风和严谨求实的劳动态度。

本书用"互联网＋汽车专业"思维创新模式，融合了大量的图片，并整合移动多媒体技术，在文本附近设置二维码，读者用智能手机扫描后，便可观看学习相关的多媒体内容，便于阅读和学习理解，提升对新能源汽车的兴趣，为进一步深入学习新能源汽车的相关技能打下良好基础。

本书由宫英伟、张北北担任主编，薛菲、高磊、葛翘担任副主编，其他参与编写的还有杨爱新、徐思亮、马萌萌、刘飞凡，全书由马长春和殷国松担任主审。

由于编者水平和经验有限，书中难免存在缺点和错误，恳请广大读者批评指正。

编　者

目 录

学习情景 7　卡罗拉混合动力电动汽车原理与检修

学习情景1

混合动力电动汽车认知

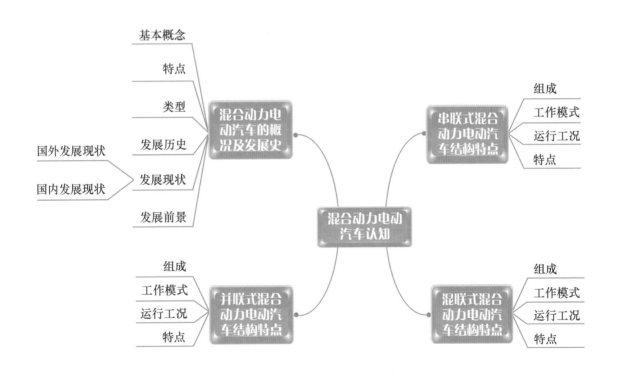

学习任务1 混合动力电动汽车的概况及发展史

【学习目标】

1. 了解混合动力电动汽车的基本概念。
2. 掌握混合动力电动汽车的基本类型。
3. 掌握混合动力电动汽车各分类的特点。
4. 了解混合动力电动汽车的发展史和发展趋势。

【任务描述】

4S店新上市的一款混合动力电动汽车十分热销，客户对于此车辆十分感兴趣。现在你作为4S店的一名销售顾问，需要对客户讲解混合动力电动汽车的基本情况，带领客户认识混合动力电动汽车。4S店准备为此建设一面混合动力电动汽车的发展史文化墙，提升4S店文化内涵的同时，还可以在售车时向客户进行介绍和展览。这不仅丰富了员工的文化底蕴，还提高了4S店的服务质量。现在要求你作为4S店员工首先熟悉文化墙内容，然后向客户进行讲解。

【知识准备】

素质养成：通过为客户讲解，培养自身的语言表达能力和信息检索能力。

混合动力电动汽车不同于燃油汽车和纯电动汽车，它有更多的动力选择、复杂的传动机构、灵活多样的布置形式和更低的能量消耗。在各国环境保护政策下，混合动力已经成为环保、科技、高效的代名词，各国争相投入大量资源进行混合动力电动汽车的开发和研究。

一、混合动力电动汽车的基本概念

混合动力电动汽车（Hybrid Electric Vehicle，简称HEV）是指同时配备电驱动系统和辅助动力单元（Auxiliary Power Unit，简称APU）的电动汽车。其中APU是燃烧某种燃料的原动机或由原动机驱动的发电机组。

从广义上讲，采用两种或两种以上的储能设备、能源或能量转换器作为动力源，其中至少有一种能提供电能的车辆称为混合动力电动汽车，例如油-电混合动力、气-

电混合动力、电-电混合动力等。而从狭义上讲，我们通常所说的混合动力电动汽车，指的是油-电混合动力电动汽车，即拥有内燃机和电动机两种动力源的车辆。

概念提示

根据所使用动力源的状态，可分为多种混合方式。

油-电混合动力：指采用汽油、柴油等燃料与电能混合的混合动力电动汽车。

气-电混合动力：指采用气体燃料和电能混合的混合动力电动汽车。

电-电混合动力：指装载了两种不同的电储能设备的混合动力电动汽车，如燃料电池混合动力电动汽车。

二、混合动力电动汽车的特点

1. 混合动力电动汽车的优势

混合动力电动汽车由于配备了内燃机和电动机，所以很大程度上可以做到扬长避短，兼顾两者的优点，同时规避和克服它们的缺点。与传统燃油汽车相比，混合动力电动汽车可以灵活地使用电机带来的便利，使内燃机始终在高效的工况下工作，根据负荷的不同，调整动力输出的模式；在行驶里程相同的条件下，减少燃油消耗和废气排放，提高燃油使用效率，使起步和加速阶段更加平顺。而与纯电动汽车相比，混合动力电动汽车由于内燃机的存在，可以快速地添加柴油或汽油，弥补了续驶里程过短的缺点。总体来说，混合动力电动汽车具有高效能、低能耗、低污染的优点。

2. 混合动力电动汽车的问题

混合动力电动汽车由于需同时兼顾内燃机和电动机，在动力耦合和电子控制过程等方面相比传统汽车更加复杂。两套动力系统及其附件使得车内空间极其有限，布置紧凑而拥挤。

例如混合动力版凯美瑞的行李箱要比普通版容积缩小近1/4，因为蓄电池组占据一定的空间，座椅也无法放倒，如图1-1所示。

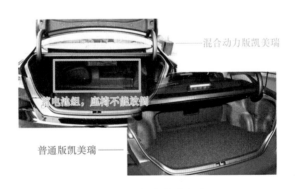

图1-1　凯美瑞对比图

三、混合动力电动汽车的类型

1. 根据混合动力系统的结构形式分为三类

1）串联式混合动力电动汽车（SHEV），动力系统主要由发动机、发电机、驱动电机等用串联方式组成。

2）并联式混合动力电动汽车（PHEV）的发动机和驱动电机都是动力总成，两大动力总成的功率可以互相叠加输出，也可以单独输出。

3）混联式混合动力电动汽车（PSHEV）是综合了串联式和并联式的结构而组成的混合动力电动汽车。

笔 记

2. 根据混合动力系统混合度的不同分为四类

1）微混合动力系统。代表车型是雪铁龙的混合动力版 C3 和丰田的混合动力版 Vitz。从严格意义上来讲，这种微混合动力系统的汽车不属于真正的混合动力电动汽车，因为它的电机并没有为汽车行驶提供持续的动力。其**电动机最大功率和发动机的最大功率比≤5%**。

2）轻混合动力系统。代表车型是通用的混合动力皮卡。轻混合动力系统除了能够实现用发电机控制发动机的起动和停止，还能够实现：①在减速和制动工况下，对部分能量进行回收；②在行驶过程中，发动机等速运转，发动机产生的能量可以在车轮的驱动需求和发电机的充电需求之间进行调节。轻混合动力系统的混合度一般在20%以下。其**电动机最大功率和发动机的最大功率比为 5%～15%**。

3）中混合动力系统。本田旗下混合动力的 Insight、Accord 和 Civic 都属于这种系统。中混合动力系统采用的是高压电机。另外，中混合动力系统还增加了一个功能：在汽车处于加速或者大负荷工况时，电动机能够辅助驱动车轮，从而补充发动机本身动力输出的不足，更好地提高整车的性能。这种系统的混合程度较高，可以达到30%左右，目前技术已经成熟，应用广泛。其**电动机最大功率和发动机的最大功率比为15%～40%**。

4）完全混合动力系统。丰田的 Prius 和 Estima 属于完全混合动力系统。该系统采用了 272～650V 的高压起动电机，混合程度更高。与中混合动力系统相比，完全混合动力系统的混合度可以达到甚至超过50%。技术的发展将使得完全混合动力系统逐渐成为混合动力技术的主要发展方向。其**电动机最大功率和发动机的最大功率比 >40%**。

四、混合动力电动汽车的发展历史

课堂练习：混合动力电动汽车是新鲜事物吗？

在快速发展、不断更新的技术世界里，汽车已经出现很久了，而且随着时间的推移，汽车也经历了时代的变迁。当下全球都面临能源枯竭的危机，寻找新的汽车技术已经成为新的研究课题。混合动力电动汽车成功获得了人们的认可，登上了舞台。

1831 年法拉第首次发现电磁感应现象，1834 年美国铁匠托马斯造出了第一辆用电机驱动的小车。到1881 年，有轨电车最早出现在德国柏林郊外，电动汽车于 1897 年首次在纽约作为出租车使用。到了 1900 年，蒸汽机和内燃机汽车比较普遍，而电动汽车由于续驶里程较短，应用范围受到限制，混合动力电动汽车应运而生。因此混合动力电动汽车已经不是新鲜事物了，它们早在一百多年前就出现了。

混合动力电动汽车的发展历史如图 1-2 所示。

1900年

费迪南德·保时捷研制出了第一辆混合动力电动汽车。但因成本、续驶里程等原因，没有人真正使用，混合动力电动汽车被打入"冷宫"。

1915年

专门生产混合动力车型的汽车制造商Owen Magnetic研制的串联式混合动力电动汽车在纽约车展与公众见面，但因各种原因，他们的车生产到1921年即停产。

1969年

美国通用汽车为响应国会议案，推出GM512系列并联式混合动力电动汽车，比微型车还小，只能坐两人。但这种玩具般的小车在当时的交通环境里基本没有实际意义。

1977年

丰田推出了一款混合动力概念车Sports 800 Hybrid，采用燃气轮机+电动机的并联形式，发动机舱盖上增加的进气口是和Sports 800外观上的最大区别。

1997年

日本丰田研发出第一代普锐斯并于同年实现量产，是世界上首批量产的混合动力电动汽车，环保以及合理的售价是其最大的优势。

2003年

第二代普锐斯问世，彻底摆脱了"使用汽油发动机为电动机充电"的简单思路，大大减少了油耗和废气排放。

图1-2　混合动力电动汽车的发展历史

五、混合动力电动汽车的发展现状

1. 国外混合动力电动汽车的发展现状

（1）日本混合动力电动汽车的发展现状　日本资源匮乏，石油主要依赖进口，日本车企也不断研究混合动力电动汽车，来降低汽车平均油耗。在日本市场，混合动力电动汽车已经优先普及，由于不需要建设配套基础设施，其销量已经远超过 BEV（纯电动汽车）。

日本混合动力电动汽车的市场占有率已经成为其他国家发展的标杆。在技术不断

课堂练习：为缓解污染，各国都陆续出台各种政策和法律法规促进混合动力电动汽车的发展，发达国家都会采取什么样的发展路线呢？

笔 记

成熟的背景下，日系汽车企业的混合动力电动汽车已经实现了产业化。截至 2013 年，日本电动汽车保有量达到了 387.8 万辆，其中 HEV 保有量约为 382.3 万辆，BEV 保有量约为 5.5 万辆，图 1-3 所示为电动汽车各车型保有量占比图。

（2）美国混合动力电动汽车的发展现状　美国拥有全世界最大的混合动力电动汽车市场，2002 年美国能源部"自由车"项目成立，2015 年提出普及 100 万辆插电式混合动力电动汽车计划，到 2011 年 5 月，混合动力电动汽车累计销量已突破 200 万辆，发展非常迅猛。2017 年美国汽车市场总体销量超过 1400 万辆，电动汽车销量占比约为 3%，超过 46 万辆，而电动汽车市场以混合动力车型为主，销量约占 82%，如图 1-4 所示。

笔记

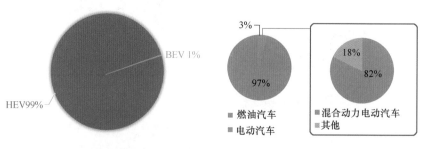

图 1-3　2013 年日本电动汽车
各车型保有量占比图

图 1-4　2017 年美国汽车
销量占比图

（3）欧盟混合动力电动汽车的发展现状　近年来，欧盟连续出台多部车辆碳排放标准，有效地促进了欧洲混合动力电动汽车的发展。混合动力电动汽车的销量也从 2006 年的 4 万辆上升到 2016 年的 40 多万辆。

2. 国内混合动力电动汽车的发展现状

为应对日益严峻的环境和能源问题，我国政府陆续出台了相关政策，促进我国混合动力电动汽车的发展。由于国内补贴政策的差异化，混合动力电动汽车主要以插电式混合动力为主。相较于美、日和欧洲等发达国家，我国混合动力电动汽车市场发展较为缓慢。

以前我国混合动力车型主要是外资汽车企业开发研制，近几年自主品牌汽车企业如比亚迪、上汽荣威也开始研发混合动力车型。如图 1-5 所示，我国混合动力电动汽车主要集中在广东、浙江、上海等较发达地区，而二三线城市混合动力电动汽车较少。相信国内混合动力技术的不断突破，一定会促进我国混合动力电动汽车的发展。

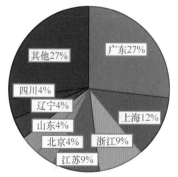

图 1-5　我国混合动力
电动汽车分布

截至 2014 年年底，全球混合动力电动汽车累计销售已超过 1000 万辆，纯电动汽车累计销售不超过 35 万辆。全球的节能与新能源汽车应用中，混合动力电动汽车占比 90% 以上。2020 年全球 HEV 总销量将达到 500 万辆，2025 年将达到 700 万辆。

六、混合动力电动汽车的发展前景

　　混合动力电动汽车在保留发动机及变速机构的基础上，增加了电驱动系统，通过电机对发动机工况进行调节，在满足不同驾驶要求的同时实现节能减排。此外，混合动力电动汽车还可以实现传统汽车的换档品质，改善操控性能，回收制动能量等。

　　现在的汽车电池技术发展还不够成熟，混合动力电动汽车是一个兼顾驾驶乐趣与节能排放的良好方案，混合动力电动汽车与传统汽车相比，在具有同等性能和优势的同时，在节能减排上更胜一筹；与纯电动汽车相比，其需要的电池容量也大大减少，造价低于纯电动汽车。但是和传统汽车相比，其造价要高出 20% 左右，因此混合动力作为一种汽车上的先进技术，降低成本是未来提高混合动力电动汽车竞争力的重点。尽管从长远来看，混合动力电动汽车可能是一种过渡车型，但近 20～30 年内还是非常具有发展前景的。

笔记

学习任务2 串联式混合动力电动汽车结构特点

【学习目标】

1. 了解串联式混合动力电动汽车的结构组成。
2. 掌握串联式混合动力电动汽车的工作模式。
3. 掌握串联式混合动力电动汽车各运行工况。
4. 了解串联式混合动力电动汽车的优缺点。

【任务描述】

一位雪佛兰 Volt 混合动力电动汽车车主到雪佛兰 4S 店报修该车不能上电故障，现在要求你作为 4S 店技术检测人员，配合技师主管共同对该客户的雪佛兰 Volt 混合动力电动汽车作基本检查，按照规范程序操作并完成维修工单。工作过程中，需遵循现场工作管理规范。

【知识准备】

一、串联式混合动力电动汽车的组成

素质养成：工作过程中，要遵循现场工作管理规范，培养自身专业严谨的工作作风。

串联式混合动力电动汽车主要由发动机、发电机、动力蓄电池、电动机、机械传动装置（变速器）等组成。如图 1-6 所示，发动机和发电机之间属于机械连接，电动机与机械传动装置之间也是机械连接，其余部分则是电力连接。

发动机和发电机有时也称为辅助动力单元，其主要功能是将发动机发出的机械能通过发电机转化为电能。转化的电能可用于向动力蓄电池充电，或通过电动机对外输出转矩从而驱动汽车行驶。这种为电

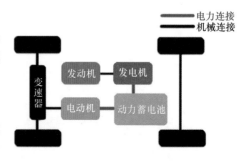

图1-6 串联式混合动力电动汽车的结构示意图

动机增设辅助设备（一般采用内燃机）由电动机输出动力的模式，也称为增程式混合动力。

二、串联式混合动力电动汽车的工作模式

串联式混合动力电动汽车在不同工作负荷状态下，存在以下几种工作模式：

1）纯电驱动模式：发动机关闭，车辆仅由动力蓄电池供电驱动。

2）纯发动机驱动模式：车辆行驶时所需的能量全部由发动机间接提供，发动机带动发电机发电，再传至电动机驱动车辆。此时动力蓄电池不对外供电。

3）混合驱动模式：发动机运转，带动发电机发电，动力蓄电池也同时供电，由两者一同驱动车辆行驶。

4）发动机充电模式：发动机运转，带动发电机发电，驱动车辆的同时，多余电能用于向动力蓄电池充电。此模式也可在停车状态下进行。

概念提示

所谓串联式结构，就是指将发动机和电动机"串"在一条动力传输路径上。其最大的特点就是发动机在任何情况下都不直接参与驱动汽车的工作，它只能通过带动发电机为电动机提供电能。但是并不是说发动机连接的发电机只能为动力蓄电池充电，由于中间都是柔性的线束连接，事实上在发电机、动力蓄电池、电动机之间存在一个用于功率转换的装置，这样通过该装置就可越过动力蓄电池直接将电能传输至电动机，使得整个系统更加灵活。

三、串联式混合动力电动汽车的运行工况

1. 起动/正常行驶/加速运行工况

发动机和动力蓄电池共同输出电能并传递至功率转换器，驱动电动机，然后通过机械传动装置驱动车轮。此运行工况下的能量流动如图 1-7 所示。

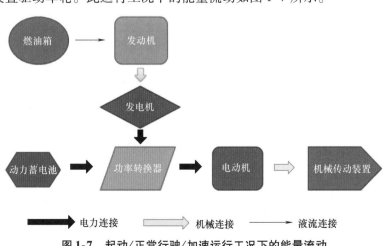

图 1-7　起动/正常行驶/加速运行工况下的能量流动

2. 低负荷工况

当电动机功率足以满足汽车行驶所需功率时，发电机同时为动力蓄电池充电，直到动力蓄电池达到 SOC 预定的满电状态。此工况下的能量流动如图 1-8 所示。

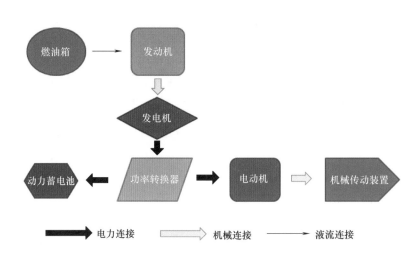

图 1-8　低负荷工况下的能量流动

3. 减速/制动工况

电动机把驱动轮的动能转化为电能，并通过功率转换器给动力蓄电池充电。此运行工况下的能量流动如图 1-9 所示。

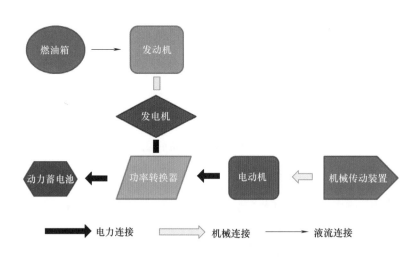

图 1-9　减速/制动工况下的能量流动

4. 停车充电工况

停车时，发动机可通过发电机和功率转换器向动力蓄电池充电。此运行工况下的能量流动如图 1-10 所示。

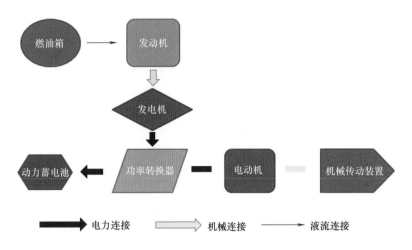

图 1-10　停车充电工况下的能量流动

四、串联式混合动力电动汽车的特点

1. 串联式混合动力电动汽车的结构特点

1）发动机和发电机组成的辅助动力单元，一起工作产生所需的电能。发动机和发电机之间的机械连接装置中不需要离合器。

2）发动机输出的机械能首先通过发电机转化为电能，转化后的电能一部分用来给动力蓄电池充电，另一部分经电动机和机械传动装置驱动车轮。

3）单条驱动线路，两个电机，只有电动机驱动汽车行驶，而发动机仅用来带动发电机发电，与驱动轮无机械连接，不直接驱动车辆。在两个电机中，一个电机用于驱动和能量回馈，另一个电机专门用于发电。

4）属于内燃机辅助型的电动汽车，用于增加电动汽车的续驶里程。

2. 串联式混合动力电动汽车的优缺点

（1）优点

1）串联式混合动力电动汽车更接近纯电动汽车，以电动力为主，大大减少了尾气排放。发动机和发电机可用于为动力蓄电池充电。

2）发动机与驱动轮之间没有机械上的连接，可以更好地发挥电机运转时稳定、高效、低污染的特点。此外，还可采用燃气轮机、转子发动机等其他类型的发动机，进一步降低燃料消耗和有害气体的排放。

3）趋近于纯电动汽车，只有电动机驱动车辆。因为电动机具有较为理想的转矩-转速特性，所以驱动系统不需要多档传动装置，从而使结构大为简化。

4）发动机与车轮之间在机械上完全解耦，总体结构较简单，易于控制。发动机和发电机与电动机之间没有机械连接，在车上布置时有较大的自由度。

（2）缺点

1）电动机驱动功率必须能够克服车辆行驶过程中的最大阻力，故要求电动机功率

笔记

较大，外形尺寸较大，质量较大。由于电动机不经常在满负荷状态下工作，因此效率较低。要求动力蓄电池容量大，同时还需较大功率的发动机和发电机（一般而言，发动机和发电机的功率接近和等于电动机的功率），加上庞大的动力蓄电池，整车外形尺寸较大，质量较大，在中小型车上布置有困难，较适合应用于大型客车。

2）发动机-发电机-电动机系统在机械能-电能-机械能的能量转换过程中，能量损失较大；在动力蓄电池的充、放电过程中存在能量损耗，车辆也不是经常在满负荷状态下运行，能量转换的综合效率比燃油汽车低。

3）发动机和发电机与动力蓄电池之间的匹配要求较严格，应能根据动力蓄电池的SOC的变化，自动起动或关闭发动机，以避免动力蓄电池过放电和过充电，因此需要更大容量的蓄电池。

知识拓展

典型的串联式混合动力电动汽车——雪佛兰 Volt

1）雪佛兰 Volt 的整个驱动系统采用轿车常用的前置前驱布置。

2）发动机采用排量为 1L 的 3 缸涡轮增压 ECOTEC 汽油机，与发电机连接形成辅助动力单元。

3）发动机最大输出功率为 53kW，电动机额定功率为 70kW，峰值功率为 120kW，峰值转矩可达到 370N·m。

4）整车最高车速可达到 160km/h，百公里加速时间约为 9s。

学习任务3　并联式混合动力电动汽车结构特点

【学习目标】

1. 了解并联式混合动力电动汽车的结构组成。
2. 掌握并联式混合动力电动汽车的工作模式。
3. 掌握并联式混合动力电动汽车各运行工况。
4. 了解并联式混合动力电动汽车的优缺点。

【任务描述】

客户李先生摇到了新能源汽车指标，正好比亚迪4S店有店庆活动——购买比亚迪秦补贴更有优惠。李先生进店咨询，销售顾问介绍了比亚迪秦，一辆搭载1.5T发动机和电机的并联式混合动力电动汽车，驱动模式较多，适应多种工况，而且综合油耗更低。李先生想要更详细地了解并联式混合动力电动汽车的结构和运行模式。假如你是这名销售顾问，需要掌握哪些知识给李先生介绍呢？

【知识准备】

一、并联式混合动力电动汽车的组成

并联式混合动力电动汽车主要由发动机、电机、动力蓄电池、机械传动装置（变速器）等组成。如图1-11所示，电机与动力蓄电池之间是电力连接，其余部分则是机械连接。

并联式混合动力电动汽车是在传统燃油汽车的基础上加了电机和动力蓄电池。与串联式混合动力电动汽车不同，并联式结构中发动机和电机可以分别单独驱动汽车，也可以同时驱动汽车，其动力性也更加优越。当动力蓄电池

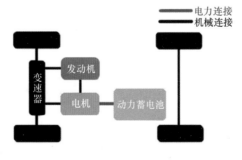

图1-11　并联式混合动力电动
汽车的结构示意图

 笔记

电量不足时，发动机还可以带动电机反转给动力蓄电池充电，电机此时起到发电机的作用。如果动力蓄电池可用非车载装置充电，则属于并联插电式混合动力电动汽车。

二、并联式混合动力电动汽车的工作模式

并联式混合动力电动汽车在不同工作负荷状态下，存在以下几种工作模式：

1）纯电驱动模式：发动机关闭，车辆仅由动力蓄电池给电机供电，驱动车辆行驶。

2）纯发动机驱动模式：电机关闭，车辆仅由发动机供能，驱动车辆行驶。

3）发动机驱动和动力蓄电池充电模式：发动机开启，给车辆提供动力，驱动车辆行驶，而此时电机只起发电机功能，通过反转给动力蓄电池充电。

4）再生制动模式：发动机关闭，电机运行在发电机状态，通过消耗车辆的动能产生电能向动力蓄电池充电。

5）混合驱动模式：发动机和电机同时开启，驱动车辆行驶。

小贴士

对于并联式混合动力电动汽车，发动机和电机都可以作为动力源驱动车辆行驶，当两者同时工作时，需要合成一条动力传递路线来驱动车辆行驶，由于它们都有自己的动力传递路线，因此需要动力合成器来实现发动机和电机动力的合成。

三、并联式混合动力电动汽车的运行工况

1. 起动/加速工况

当起动或者节气门全开加速运行时，车辆处于混合驱动模式，发动机和电机同时工作，共同提供车辆前进的动力，其中发动机起主要作用。此运行工况下的能量流动如图1-12所示。

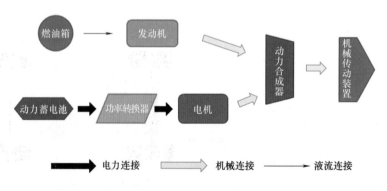

图1-12 起动/加速工况下的能量流动

2. 正常行驶工况

当车辆正常行驶时，车辆处于纯发动机驱动模式，车辆前进所需动力仅由发动机提供。此运行工况下的能量流动如图 1-13 所示。

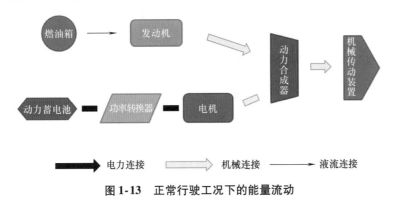

图 1-13　正常行驶工况下的能量流动

3. 减速/制动工况

当车辆减速或制动的时候，车辆处于再生制动模式，车辆的动能转换为电能给动力蓄电池充电。此运行工况下的能量流动如图 1-14 所示。

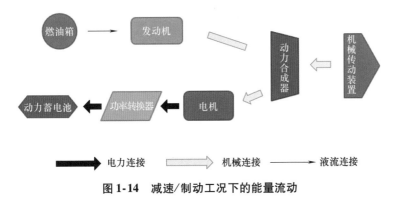

图 1-14　减速/制动工况下的能量流动

4. 行驶中给动力蓄电池充电工况

当车辆轻载时，车辆处于发动机驱动和动力蓄电池充电模式，发动机驱动车辆前进的同时，多余的功率带动电机反转发电给动力蓄电池充电。此运行工况下的能量流动如图 1-15 所示。

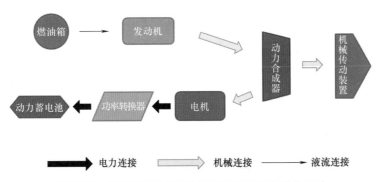

图 1-15　行驶中给动力蓄电池充电工况下的能量流动

四、并联式混合动力电动汽车的特点

1. 并联式混合动力电动汽车的结构特点

1）发动机和电机可以单独驱动车辆行驶，无须能量的二次转换。

2）并联式车辆工作模式较多，可以适应多种工况。

3）有电机的辅助，可以降低排放和综合油耗。

4）当发动机提供的动力大于驱动车辆所需的动力时，多余能量会通过电机发电给动力蓄电池充电。

2. 并联式混合动力电动汽车的优缺点

（1）优点

1）动力蓄电池容量较小，可减轻整车质量，降低油耗。

2）电机可以辅助发动机输出动力，使发动机工作在高效率状态下，还可以为动力蓄电池充电，延长续驶里程。

3）由于只有发动机和电机，与串联式相比，结构简单，质量和体积也小。

4）发动机和电机可以直接驱动车辆，减少了能量在传递过程中的损失，因此能量的综合利用效率比串联式混合动力电动汽车高。

（2）缺点

1）并联式结构布置形式和传统燃油车类似，动力性也非常接近，因此相对于串联式混合动力电动汽车，有害气体排放较多。

2）动力系统结构复杂，控制系统相对复杂。

3）并联式混合动力电动汽车的发动机可以独立驱动车辆行驶，但是由于只有一个电机，没有独立的发电机，无法实现混合驱动模式下给动力蓄电池充电，也就是说，如果动力蓄电池没电了，汽车也就只能依靠发动机驱动了。

知识拓展

典型的并联式混合动力电动汽车——比亚迪秦

1）比亚迪秦采用并联式结构，可以纯电驱动或混合驱动。

2）采用1.5T缸内直喷发动机，最大功率113kW，具有较好的燃油经济性。

3）采用高转速、大功率电机，续驶里程为50km，同时还可以给动力蓄电池充电。

4）整车最高车速可达到150km/h，百公里加速时间约为5.9s。

学习任务 4 混联式混合动力电动汽车结构特点

【学习目标】

1. 了解混联式混合动力电动汽车的结构组成。
2. 掌握混联式混合动力电动汽车的工作模式。
3. 掌握混联式混合动力电动汽车各运行工况。
4. 了解混联式混合动力电动汽车的优缺点。

【任务描述】

客户刘先生准备购置一辆进口的第四代普锐斯混合动力电动汽车，该车辆为混联式结构，驱动模式较多，适应多种工况，而且拥有相比串、并联式混合动力电动汽车更多的优点。刘先生想要更详细地了解混联式混合动力电动汽车的结构和运行模式。假如你是一名丰田4S店的销售顾问，需要掌握哪些知识给刘先生介绍呢？

【知识准备】

一、混联式混合动力电动汽车的组成

混联式混合动力电动汽车是在串联式和并联式混合动力的基础上综合而成的一种混合动力形式，其结构如图1-16所示。

混联式结构是在并联式的基础上又加入了一个发电机，同时它没有常规的变速器，而是采用一种称为"ECVT"的行星齿轮结构的动力合成器，起到连接、切换两种动力以及减速增扭的作用，同时也实现了无级变速。也有一些车企在混联式结构中使用普通的变速器，如双离合变速器、无级变速器（CVT）等，但是效果远不及这种ECVT变

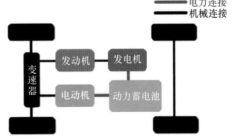

图1-16 混联式混合动力电动
汽车的结构示意图

笔记

速结构。

　　概念提示
　　ECVT，丰田官方给出的定义是"动力分配器、动力合成器"，是专门为混合动力车型而准备的动力分配机构，现已申报为丰田公司混合动力的专利技术。

二、混联式混合动力电动汽车的工作模式

　　混联式混合动力电动汽车根据行驶负荷，存在以下几种工作模式：

　　1）纯电驱动模式：发动机、发电机关闭。电动机通过动力合成器提供动力，驱动车辆行驶。

　　2）纯发动机驱动模式：发电机、电动机关闭。车辆驱动力仅由发动机提供，而动力蓄电池既不供能也不从系统中获取任何能量。

　　3）混合驱动模式：此时发动机、电动机同时工作，通过动力合成器向机械传动装置提供动力。

　　4）发动机驱动和动力蓄电池充电模式：发动机保持工作，除了提供车辆行驶的动力以外，还通过发电机向动力蓄电池充电。

　　5）再生制动模式：发动机关闭，电动机运行在发电状态，通过消耗车辆的动能产生电能向动力蓄电池充电。

三、混联式混合动力电动汽车的运行工况

1. 起动工况

　　发动机关闭，由动力蓄电池给电动机提供能量。利用电动机低转速输出动力高效的特点，完美弥补了发动机起步能耗大的缺点。能量流动如图1-17所示。

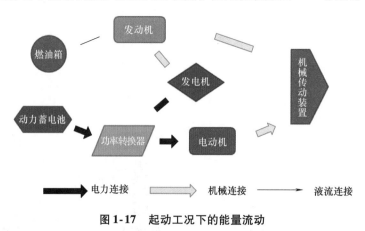

图1-17　起动工况下的能量流动

2. 加速工况

　　此时发动机和电动机同时工作，同时输出动力驱动车辆行驶。能量流动如图1-18

所示。

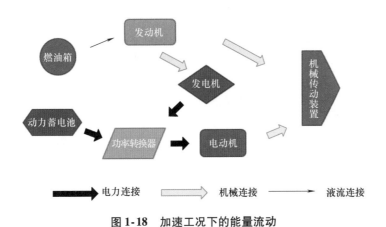

图 1-18　加速工况下的能量流动

3. 匀速工况

电动机关闭，发动机工作，提供车辆所需动力。能量流动如图 1-19 所示。

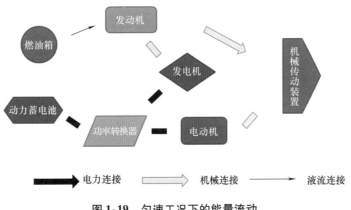

图 1-19　匀速工况下的能量流动

4. 减速/制动工况

电动机工作于发电模式，进行制动能量回收，通过功率转换器给动力蓄电池充电。能量流动如图 1-20 所示。

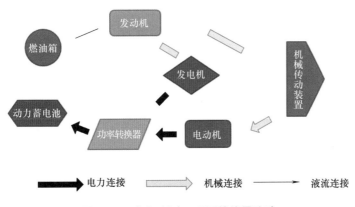

图 1-20　减速/制动工况下的能量流动

笔 记

5. 行驶中给动力蓄电池充电工况

发动机一部分动力用于驱动车辆，另一部分动力由发电机经功率转换器给动力蓄电池充电。能量流动如图 1-21 所示。

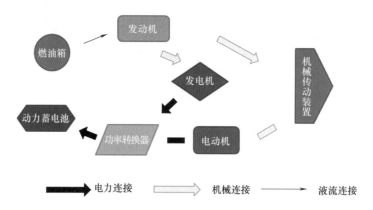

图 1-21   行驶中给动力蓄电池充电工况下的能量流动

四、混联式混合动力电动汽车的特点

1. 混联式混合动力电动汽车的结构特点

与串联式和并联式混合动力电动汽车相比较，混联式混合动力电动汽车的结构特点如下：

1）将串联式和并联式混合动力电动汽车相结合，具有两者的优点。

2）与串联式混合动力电动汽车相比，增加了机械动力的传递路线。

3）与并联式混合动力电动汽车相比，增加了电能的传输路线。

2. 混联式混合动力电动汽车的优缺点

（1）优点

1）与串联式混合动力电动汽车相比，结构更加紧凑，拥有更大总功率的同时，还缩小了整体质量和体积。

2）拥有多种工作模式，可以灵活利用发动机和电动机的特性，使车辆达到最经济、节能、环保的状态。

3）没有繁复的能量转化过程，发动机可以直接驱动车辆，也可以直接为动力蓄电池充电。能量转换的综合效率比燃油汽车更高。

4）电动机可以独立驱动车辆行驶。利用电动机低速大转矩的特性，带动车辆起步，更加清洁环保。

（2）缺点

1）需要配备两套驱动系统；发动机需要一套完整的传动系统，电动机也需配备减速器，两者之间需要一套高效可靠的动力合成装置。因此总体结构复杂，布置比较困难。

2）对整车控制系统要求高。需要更复杂的系统和逻辑去完成多工作模式的控制。系统越是复杂，编写和控制就越发困难。

3）混联式混合动力电动汽车更偏向于发动机为主要动力源，造成的污染相比串联式和并联式混合动力电动汽车更高。

知识拓展

混联式混合动力电动汽车——丰田第四代普锐斯

1）普锐斯采用四驱系统，前轮用发动机驱动，后轮用电动机驱动，日常行驶也更加稳定，百公里油耗只有2.5L。

2）采用1.8L自然吸气4缸发动机＋电动机，燃油经济性提高了10%，热效率提高到40%，达到同级最高水平。

3）发动机最大输出功率98kW，峰值转矩为142N·m。电动机采用新的绕组方式，体积更小，功率密度更大。

4）纯电动模式续驶里程提高到55km，最高车速110km/h。

学习情景2

混合动力电动汽车高压维修操作安全

```
                                                                    高压电的定义
                                              混合动力电动            高压安全防护用具
                                              汽车的高压
                                              保护措施              混合动力电动汽车高压部件
                                                                  混合动力电动汽车高压互锁
                                                                  回路
    电气事故
  电流对人体的伤害        电气危害与        混合动力电
                      触电急救          动汽车高压
                                        维修操作安全
    电击预防技术
    电气伤害急救
                                                                混合动力电动汽车
                                              安全操作混合          维修基本安全要求
                                              动力电动汽
                                              车高压系统          高压维修的操作规程

                                                                检修高压系统时的注意事项
```

学习任务 1　电气危害与触电急救

 【学习目标】

1. 了解电气方面的危害。
2. 掌握基本的电气伤害救助。

 【任务描述】

某品牌维修站的一名维修技师在维修混合动力电动汽车时，未检查绝缘工具的安全性能，佩戴了破损的绝缘手套，违章作业，导致触电，作为车间的技术人员，请你对这名技师进行现场救助。

 【知识准备】

一、电气事故

电气作业不当，会造成多种事故。一是对人体的伤害，包括电流伤害、电弧伤害、静电伤害、电磁伤害以及电气设备故障造成的人身伤害等；二是对物体的损害，主要是设备、线路损坏，电气装置失灵等，严重时可引起电气火灾爆炸事故；三是对环境的干扰和污染，主要是指电磁污染等；四是引起二次事故，指由于电气事故而带来的其他破坏作用的事故，如：发生爆炸、起火等。发生人身事故和设备事故，大多数是由于违反安全操作规程或安全技术规程造成的。

二、电流对人体的伤害

人碰到带电的导线，电流通过人体就叫触电。触电后，会对人体及人体内部组织造成不同程度的损伤。触电时，让人体受伤的是电流。电流对人体的伤害有三种：电击、电伤和电磁场伤害。

电击是指电流通过人体时，破坏人的心脏、神经系统、肺部等的正常功能而造成的伤害。它可以使肌肉抽搐、内部组织损伤，造成发热发麻、神经麻痹等，甚至引起昏迷、窒息、心脏停止跳动而死亡。触电死亡事故大部分是由电击造成的。人体触及带电的导线、漏电设备的外壳或其他带电体，以及由于雷击或电容放电，都有可能导致电击。

　　电伤是指电流的热效应、化学效应、机械效应对人体造成的局部伤害，它可以由电流通过人体直接引起也可以由电弧或电火花引起。包括电弧烧伤、烫伤、电烙印、皮肤金属化、电气机械性伤害、电光眼等不同形式的伤害，其临床表现为头晕、心跳加剧、出冷汗或恶心、呕吐，此外皮肤烧伤处疼痛。

　　电磁场生理伤害是指在高频磁场的作用下，人会出现头晕、乏力、记忆力减退、失眠和多梦等神经系统的症状。

　　电流是造成电伤害的主要因素，人体对电流的承受能力与以下因素有关。

1. 电流流过人体的大小及危害

　　脱毛衣时发出的火花电压达几万伏，但没有形成持续电流，所以不会电死人。触电时，让人体受伤的是电流而不是电压。根据身体的反应情况，可以将流过人体的电流分为以下几种类别：

　　（1）感知电流　引起人的感觉的最小电流。人接触这样的电流会有轻微麻痹感。实验表明，成年男性平均感知电流有效值为1.1mA，成年女性约为0.7mA。感知电流一般不会对人造成伤害，但是接触时间长，表皮被电解而电流增大时，感觉增强，反应变大，可能造成坠落等间接事故。

　　（2）摆脱电流　电流超过感知电流并不断增大时，触电者会因肌肉收缩发生痉挛而紧握带电体，不能自行摆脱电源。人触电后能自行摆脱电源的最大电流称为摆脱电流。一般成年男性平均摆脱电流为16mA，成年女性约为10.5mA，儿童较成年人小。摆脱电流是人体可以忍受而一般不会造成危险的电流。若通过人体的电流超过摆脱电流且时间过长，会造成昏迷、窒息，甚至死亡。因此，人摆脱电源的能力随着触电时间的延长而降低。

　　（3）室颤电流　室颤电流是通过人体引起心室发生纤维性颤动的最小电流。人的室颤电流约为50mA。在心室颤动状态，心脏每分钟颤动800~1000次，但幅值很小，而且没有规则，血液实际上中止循环，一旦发生心室颤动，数分钟内即可导致死亡。

　　不同电流对人体的影响如图2-1所示。

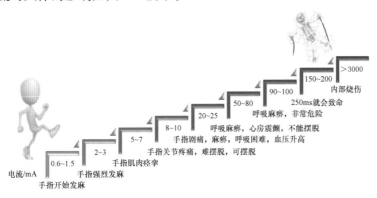

图2-1　不同电流对人体的影响

2. 通电的时间

电流对人体的伤害程度与通电时间长短的关系：通电时间越长，引起心室颤动的危险也越大。这是因为通电时间越长，人体电阻因出汗等原因而降低，导致通过人体的电流增加，触电的危险性也随之增加。此外，心脏每搏动一次，中间约有 $0.1\sim0.2s$ 的时间对电流最为敏感。通电时间越长，与心脏最敏感瞬间重合的可能性也就越大，危险性也就越大。

3. 电压的高低

交流电压 1000V 以上为高压电，直流电压 1500V 以上为高压电；交流电压 1000V 以下为低压电。人体含有大量的溶解有其他物质的水溶液，可等效成一个电阻，常用安全电压是 36V 以下的电压。

4. 人体的电阻

人体电阻不是一个固定的数值。干燥的皮肤在低电压下具有相当高的电阻，约10万 Ω。当电压在 $500\sim1000V$ 时，人体电阻便下降为 1000Ω。表皮具有这样高的电阻是因为它没有毛细血管。手指某部位的皮肤还有角质层，角质层的电阻值更高，而不经常摩擦部位的皮肤的电阻值是最小的。皮肤电阻还同人体与带电体的接触面积及压力有关。当表皮受损暴露出真皮时，人体内因布满了输送盐溶液的血管而具有很低的电阻。

人体电阻的大小是影响触电后人体受到伤害程度的重要物理因素。人体电阻由体内电阻和皮肤组成。接触电压为 220V 时，人体电阻的平均值为 1900Ω；接触电压为 380V 时，人体电阻降为 1200Ω。经过对大量实验数据的分析研究确定，人体电阻的平均值一般为 2000Ω 左右，而在计算和分析时，通常取下限值 1700Ω。

三、电击预防技术

绝缘是一种常见的电击预防技术措施，其用绝缘物或材料把带电体包住并封闭起来，保证人体不致因触及带电体而发生触电事故。

电气设备的绝缘应符合其相应的电压等级、环境条件和使用条件。在电气产品设计、制造、试验规程中，为保证达到可靠的绝缘，还规定了绝缘部件，必须在相应的工作条件下，能经受可能会产生的电气、机械、化学和发热等的影响。应当注意很多绝缘材料受潮后会丧失绝缘性能，或在强电场作用下会遭到破坏，丧失绝缘性能。除此之外，电气设备的绝缘表面不得有粉尘、纤维或其他污物，不得有裂纹或放电痕迹，表面光泽不得减退，不得有脆裂、破损，弹性不得消失，运行时不得有异味。

绝缘的电气指标主要是指绝缘电阻，绝缘电阻用兆欧表测量。任何情况下绝缘电阻不得低于每伏工作电压 1000Ω，并应符合专业标准的规定。除了绝缘，屏护、间距以及安装漏电保护器也是较为常见的安全措施。

笔记

四、电气伤害急救

1. 救助措施

1) 切勿直接触碰触电的人员。

2) 如果可能的话，立即切断电气设备的电源（在高电压车辆上关闭点火开关或者立即拔出维修开关）。

3) 使用不导电的工具（木板、扫帚柄等）将伤者或者电流导体与电源分开。

2. 如果伤者可以对话时

1) 可能的情况下冷却灼伤伤口，并使用消过毒的、不掉毛的毛巾覆盖。

2) 即使其本人拒绝，伤者也必须交由医生救治（避免迟发性后遗症）。

3. 如果伤者无法对话时

1) 确认伤者的生命机能，如脉搏和呼吸。可以在伤者的口和鼻部确认其呼吸情况，最好在颈部动脉处确认其脉搏，如图 2-2a、b 所示。

2) 立即呼叫或者让人联系急救医生。

3) 在医生到来之前进行胸外心脏按压和人工呼吸。

① 保持呼吸顺畅。

② 胸外心脏按压法正确按压位置如下：

a. 右手的食指和中指沿伤者的右侧肋弓下缘向上，找到肋骨和胸骨接合处的中点。

b. 两手指并齐，中指放在切迹中点（剑突底部），食指平放在胸骨下部。

c. 另一只手的掌根紧挨食指上缘，置于胸骨上，即为正确按压位置，如图 2-3 所示。以每分钟 100 次的频率按压胸骨下部 30 次，施救姿势如图 2-4 所示。

a)

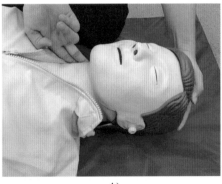
b)

图 2-2　确认呼吸和脉搏

a）确认呼吸　b）确认脉搏

③ 伸展伤者头部，进行 2 次人工呼吸，具体步骤如图 2-5 所示。

4) 实施上述急救措施至少坚持 30min。

笔　记

心脏通过心肺复苏法（2 次人工呼吸和 30 次胸外按压）可维持氧气供应，直到急救人员到达。恢复心脏的正常功能包括使用电能（除颤）和急救医生的抢救。自动体外除颤器（AED）是一种便捷式、易于操作、稍加培训即能熟练使用、专为现场急救设计的急救设备，可独立提供伤者的心电图（ECG），并在适当的情况下，进行除颤。越早使用 AED，人的生存机会越大。

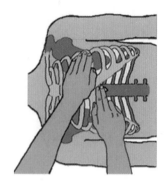

图 2-3　正确按压位置

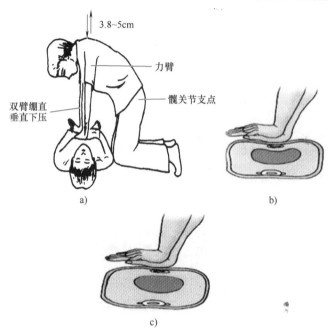

图 2-4　胸外按压

a）施救人的正确姿势　b）下压　c）放松

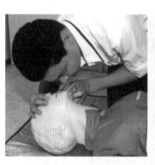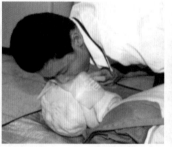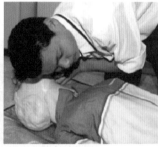

图 2-5　人工呼吸步骤

学习任务 2 混合动力电动汽车的高压保护措施

【学习目标】

1. 了解混合动力电动汽车的高压保护措施。
2. 掌握高压安全防护用具。
3. 能够正确识别混合动力电动汽车高压部件及高压互锁装置。

【任务描述】

刘先生购买了一辆混合动力电动汽车，在行驶了 10 000km 后，他来到 4S 店要求对车辆进行定期维护。作为一名 4S 店的技师，在接到任务后首先应该如何做好高压系统安全防护呢？

【知识准备】

随着化石能源的减少和环境的恶化以及对续驶里程的要求，混合动力电动汽车的发展非常迅速。通常所说的混合动力电动汽车，是指油电混合动力电动汽车（HEV），即采用传统的内燃机（柴油机或汽油机）和电动机作为动力源。混合动力电动汽车使用高压动力蓄电池作为一部分动力来源，维护和检查维修混合动力电动汽车时必须重视高压安全问题。

一、高压电的定义

混合动力电动汽车的电压可高达 600V 以上，因此，在混合动力电动汽车推广的同时，如何保证驾驶人员、乘车人员以及汽车维护与维修人员的安全，是值得我们关注的问题。在电动汽车安全要求标准 GB/T 18384.3—2015 中，将电动汽车的工作电压分为 A、B 两级，见表 2-1。对于 A 级电压，不需要进行触电防护，对于任何 B 级电压电路中的带电部件，都应为接触人员提供防护措施。

GB/T 18384—2015 是电动汽车安全要求标准，其分为三部分：车载可充电储能系统、操作安全和故障防护、人员触电防护。标准针对电动汽车的电气安全提出了一系列的要求，以保证电动汽车在正常使用情况下的一些可能失效不会对使用者和周围环境造成危害。

表 2-1 工作电压等级划分

电压等级	最大工作电压/V	
	直流	交流（rms）
A	$0 < U \leqslant 60$	$0 < U \leqslant 30$
B	$60 < U \leqslant 1500$	$30 < U \leqslant 1000$

安全电压：为防止触电事故而采用的由特定电源供电的电压系列。一般环境条件下允许持续接触的安全电压是 24V。

二、高压安全防护用具

混合动力电动汽车高压部件维护前需准备必要的电击防护用具，一般是绝缘安全用具，分为基本安全用具和辅助安全用具，确保工作时的安全性。

1）基本安全用具：是指绝缘强度能长期承受设备的工作电压，并且在该电压等级产生内部过电压时能保证工作人员安全的工具，如绝缘杆、绝缘夹钳、验电器等。

2）辅助安全用具：是主要用来进一步加强基本安全用具绝缘强度的工具，例如绝缘手套、绝缘靴、绝缘垫等。辅助安全用具不能承受高电压。辅助安全用具配合基本安全用具使用时，能防止工作人员遭受接触电压、跨步电压、电弧灼伤等伤害。

常用的高压安全防护用具及标识见表 2-2。

笔记

表 2-2 高压安全防护用具及标识

名　称	用具/标识	用途描述
警示牌		在地面或车辆附近明显位置放置
绝缘手套		拆除及安装高压部件
绝缘服		拆除及安装高压部件

（续）

名　　称	用具/标识	用途描述
绝缘鞋		拆除及安装高压部件，适用于 1kV 以下电压
护目镜		拆除及安装高压部件，防止电解液溢出，防止电弧灼伤
绝缘帽		拆除及安装高压部件
绝缘表	 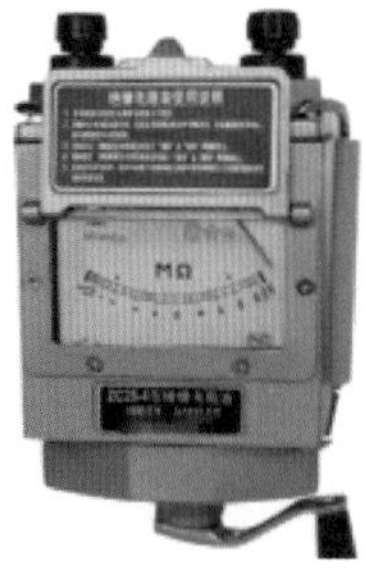	测试高压部件绝缘阻值
绝缘工具	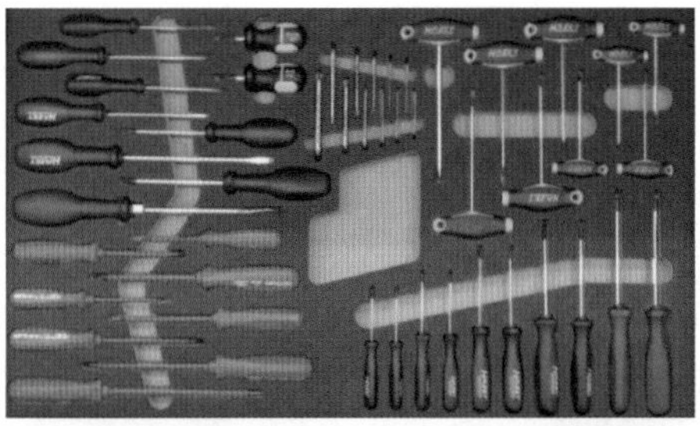 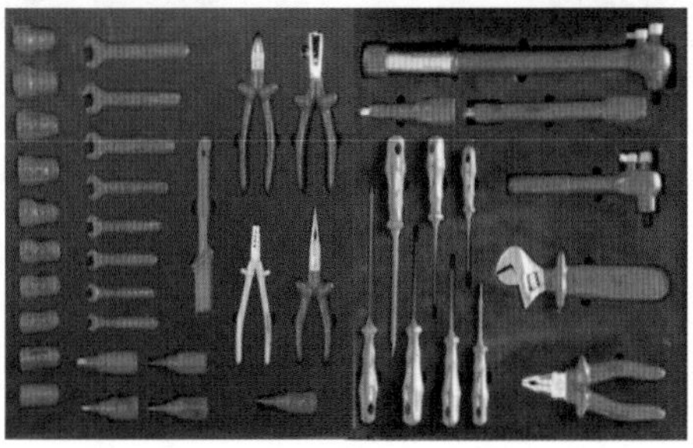	拆除及安装高压部件

笔 记

知识拓展

灭火器属于辅助安全用具，应始终将灭火器放置在方便取用的范围内；每次使用灭火器之后都应重新添加灭火剂；安排人员定期检查灭火器（最少每隔2年）；了解自动火警报警器和灭火器的位置。

三、混合动力电动汽车高压部件

相对于传统汽车来说，混合动力电动汽车具有高压系统，因此就会存在高压用电危险。混合动力电动汽车的高压部件主要有：动力蓄电池、高压配电箱、车载充电机、电动空调压缩机等，所有高压部件上都贴有高压危险的标识牌，如图2-6所示。

图2-6　高压危险标识牌

1. 动力蓄电池和维修开关

混合动力电动汽车的动力蓄电池上都安装有维修开关，如图2-7、图2-8所示，在维修时将插头拔下，可以确保动力蓄电池不会再向外部高压系统输出高压电。拔下维修开关，动力蓄电池内部的连接就断开了，避免了人接触车身造成电击。注意：即使将维修开关拔掉，动力蓄电池内还是有高压电的。

图2-7　维修开关

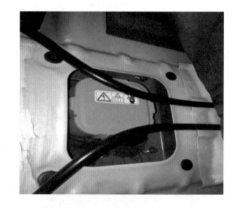

图2-8　车上维修开关位置

2. 高压线束

混合动力电动汽车的高压线束一般都是橙色的，以区分低压系统的黑色线束，如

图 2-9 所示。高压正极和高压负极通过各自单独的导线与高压部件相连接，车身不用作搭铁，因此在高压线束系统的设计上，直流高压电回路必须严格执行双轨制。高压线束每个接口均采用屏蔽处理，前后电机接口处为屏蔽卡环与配电箱导轨压接，控制器及动力蓄电池箱插接器采用有屏蔽功能的结构件。注意：在任何时候都不要剪断或触摸高压线束。

3. 高压配电箱

高压配电箱，如图 2-10 所示，可对高压连接状态、绝缘状态进行实时监控，对高压安全进行管理，有过电流、过电压、过温保护功能；车辆发生碰撞或翻车时，能自动切断高压电。

图 2-9   高压线束

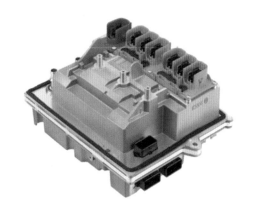

图 2-10   高压配电箱

4. 车载充电机

车载充电机将外部交流电转换为直流电向动力蓄电池充电，如图 2-11 所示。车载充电机具有交流输入欠电压报警功能；交流输入过电流保护功能；直流输出过电流保护功能；直流输出短路保护功能；输出软启动功能，防止电流冲击；充电联锁功能，保证充电机与动力蓄电池连接断开前车辆不能起动；高压互锁功能，当有危害人身安全的高电压时，模块锁定无输出。在充电过程中，车载充电机能保证动力蓄电池的温度、充电电压和电流不超过允许值；并具有单体蓄电池电压限制功能，能自动根据 BMS 的信息动态调整充电电流。车载充电机能自动判断充电连接器、充电电缆是否连接正确，充电机与充电桩和动力蓄电池正确连接后，才允许启动充电过程；当充电机检测到与充电桩或动力蓄电池连接不正常时，将立即停止充电。

5. 电动空调压缩机

电动空调压缩机，如图 2-12 所示，其内部电容里的高压电在切断高压系统后还是存在的，所以需要等待一段时间，让其和高压配电箱内部的电容一起释放高压电。

图 2-11　车载充电机

图 2-12　电动空调压缩机

四、混合动力电动汽车高压互锁回路

　　高压互锁安全回路是个环形线路，通过低压电网来监控高压电网。不可在未断开安全线的情况下就拔下高压插头。如果安全回路线断路，会导致高压系统立即被切断，对高压系统进行保护，某车型高压互锁回路如图 2-13 所示。通过检查高压系统线束连接情况，识别回路异常来断开动力蓄电池的高压电源，防止人员触电。

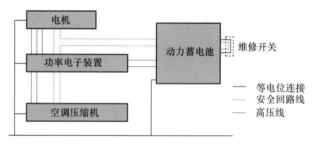
图 2-13　某车型高压互锁回路

学习任务3 安全操作混合动力电动汽车高压系统

 【学习目标】

1. 了解混合动力电动汽车维修基本安全要求。
2. 掌握基本维修操作规程。
3. 了解检修高压系统时的注意事项。

 【任务描述】

一辆混合动力电动汽车出现电机不转的故障，但仪表盘上却显示正常。作为一名维修技术人员要对此车进行维修，请按照正确的操作规程对车辆进行检查。

 【知识准备】

一、混合动力电动汽车维修基本安全要求

混合动力电动汽车的维修人员需具备一定的资质，遵守一定的安全操作规程。

维修车间内配备有高压系统的车辆，必须做上标识。使用专用的警示标牌，如图 2-14、图 2-15、图 2-16 所示。

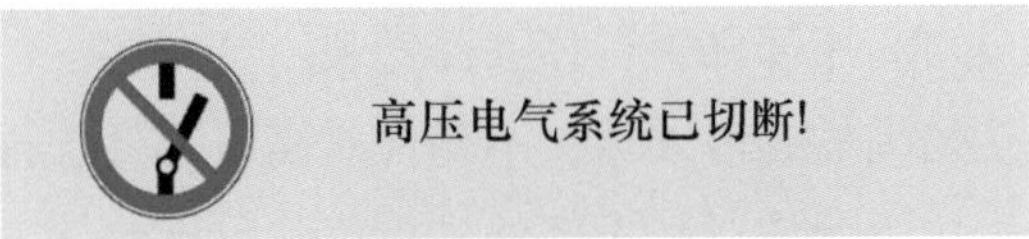

 高压电气系统已切断!

图 2-14　高压系统切断警示标牌

（仅由受过培训的人员在车辆上进行操作，未经指定人员验证，不得重新接通电源）

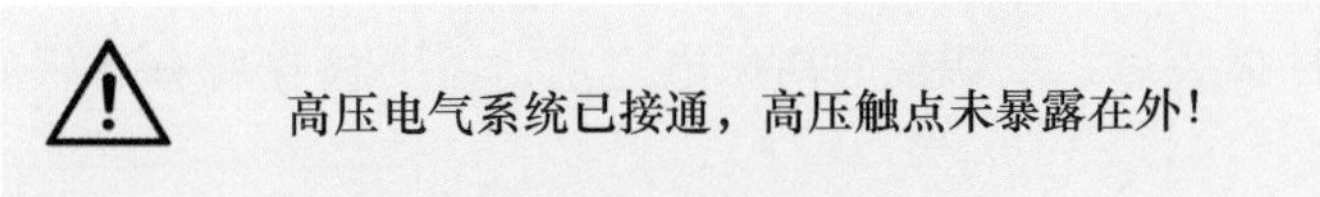

 高压电气系统已接通，高压触点未暴露在外!

图 2-15　高压系统接通警示标牌

（仅由受过培训的人员在车辆上进行操作，如果点火开关已打开，电动机可能意外起动）

笔记

高压电气系统已接通！高压触点暴露在外！

图 2-16 高压系统接通警示标牌（只能由车辆电气专业技术人员操作）

混合动力电动汽车高压系统的维修工作区应是单独的房间、实验室或者分割并标识的独立区域。仅允许有资质的人员进入，其他人员未经许可禁止进入。同时，已进行的培训要记录在案。

二、高压维修的操作规程

在检查或维修高压系统时，需遵循以下安全要求。

1）关掉点火开关，拔出点火钥匙，将钥匙妥善保管。

2）断开辅助蓄电池负极端子。

3）戴好绝缘手套。

4）拔下维修开关。

5）等待 10min 或更长时间高压电器电容放电。

6）验证高压系统是否已经断电。

7）用绝缘乙烯胶带包裹被断开的高压线路插接器。

8）严防设备重新合闸。

三、检修高压系统时的注意事项

在检修高压系统时应注意以下事项：

1）混合动力电动汽车车辆检修过程中一定要坚持"以人为本，安全第一"的原则。

2）维修人员上岗不得佩戴金属饰物，例如手表、戒指等，工作服衣袋内不得有金属物件，例如钥匙、金属壳笔、手机、硬币等。

3）维修人员必须穿戴必要的防护工具，如绝缘手套、绝缘鞋、绝缘帽等。

4）严禁非专业人员对高压部件进行移除及安装。

5）未经过高压安全培训的维修人员，不允许对高压部件进行维护。

6）车辆在充电过程中不允许对高压部件进行移除、维护等工作。

7）对高压部件进行作业前，必须确认车辆钥匙处于 Lock 档位并将 12V 电源断开。

8）高压部件打开后或插头断开后，使用万用表对其电压进行测量，电压在 36V 以下才可以进行下一步的操作。

9）高压部件拆装后，重新接通高压电之前，需要检查所有高压部件的装配、连接，确保其可靠。

10）如果长时间放置车辆，需将 12V 电源断开。

笔记

学习情景3

混合动力电动汽车动力蓄电池结构原理

基本要求
类型和特点
结构特点
正确处理动力蓄电池

动力蓄电池
的认知

混合动力电动
汽车动力蓄电
池结构原理

动力蓄电池
管理系统的
认知

作用
组成和基本功能

学习任务1 动力蓄电池的认知

【学习目标】

1. 了解动力蓄电池的基本要求、性能要求。
2. 掌握动力蓄电池的种类、特点、构造、工作原理。
3. 掌握混合动力电动汽车动力蓄电池的结构特点。
4. 了解处理动力蓄电池的注意事项。

【任务描述】

客户张先生欲购置一款新能源汽车，但是对于混合动力电动汽车和纯电动汽车的动力性能的差别并不熟悉，还存在很多疑问，现需要你作为4S店工作人员向张先生介绍混合动力电动汽车的动力蓄电池。

【知识准备】

在传统燃油汽车上，蓄电池一般作为发动机起动系统、点火系统、信号系统、照明系统、刮水器和喷淋器以及车载视听和通信设备等的电源。它们所需要的电能容量较小，工作时间较短，蓄电池与发电机共同组成汽车的电源系统。但在混合动力电动汽车上，如图3-1所示，动力蓄电池必须是具有强大能量的动力电源，除作为驱动能源外，还要向空调系统、动力转向系统等提供电能。动力蓄电池是混合动力电动汽车的基本组成单元，其性能直接影响到驱动电机的性能，从而影响整车的燃油经济性和排放。

图3-1 混合动力电动汽车动力蓄电池

混合动力电动汽车用的蓄电池工作负荷大，对功率密度要求较高，但体积和容量小，而且蓄电池的 SOC 工作区间较窄，对循环寿命要求高。

一、动力蓄电池的基本要求

在混合动力电动汽车上，动力蓄电池是辅助电力能源，用作发动机的辅助动力源，以提高整车的动力性能，或作为电机驱动车辆时的电源。动力蓄电池一般是供给直流电，然后经过变频或逆变器转换成频率和电压幅值可调的交流电，供给驱动电机来驱动车辆行驶。一般纯电动汽车所采用的动力蓄电池，要求有较大的能量密度，而混合动力电动汽车所采用的动力蓄电池，则要求有较大的功率密度，两种动力蓄电池在性能方面各有侧重。

课堂练习：
纯电动汽车和混合动力电动汽车所采用的动力蓄电池，分别对蓄电池有哪些要求？

混合动力电动汽车对动力蓄电池的基本要求如下：

1）能量密度：能量密度是保证混合动力电动汽车能够达到基本合理的续驶里程的重要性能。连续 2h 放电率的能量密度至少不低于 44W·h/kg。

2）充电时间短：动力蓄电池对充电技术没有特殊要求，能够实现感应充电。动力蓄电池的正常充电时间应小于 6h，动力蓄电池能够适应快速充电的要求，动力蓄电池快速充电达到额定容量的 50% 时的时间为 20min 左右。

3）连续放电率高，自放电率低：动力蓄电池能够适应快速放电的要求，连续 1h 放电率可以达到额定容量的 70% 左右。自放电率低，动力蓄电池能够长期存放。

4）不需要复杂的运行环境：动力蓄电池能够在常温条件下正常稳定地工作，不受环境温度的影响，不需要特殊加热。保温热管理系统，能够适应混合动力电动汽车行驶时的振动。

5）安全可靠：动力蓄电池应干燥、洁净，电解质不会渗漏腐蚀接线柱和外壳，不会自燃或燃烧，在发生碰撞等事故时，不会对乘员造成伤害。

6）寿命长，免维护：动力蓄电池循环寿命不低于 1000 次，使用寿命期间不需要进行维护。

二、动力蓄电池的类型和特点

电池从它被发明起便在我们的生活中有着非常广泛的应用。电池早在 200 多年前就已问世，自 1800 年伏特发明了世界上第一个电池，1859 年可充电的铅酸蓄电池问世，1970 年锂电池迈向了实用化，可充电锂聚合物电池的广泛应用和目前的燃料电池、太阳能电池的闪亮登场，使得电动汽车针对动力蓄电池有更多的选择。

蓄电池是一种化学电池，其基本组成为正极板、负极板、隔板和电解质。

目前常用的有动力蓄电池有以下几种类型，如图 3-2 所示。

1. 铅酸蓄电池

铅酸蓄电池是 1859 年由普兰特（Plante）发明的，至今已有一百多年的历史。铅酸蓄电池自发明后，在化学电源中一直占有绝对优势。这是因为其价格低廉、原材料

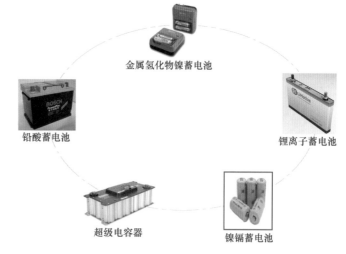

图 3-2　动力蓄电池类型

易于获得，使用上有充分的可靠性，适用于大电流放电及广泛的环境温度范围等，如图 3-3 所示。

图 3-3　铅酸蓄电池

到 20 世纪初，铅酸蓄电池历经了许多重大的改进，提高了能量密度、循环寿命、倍率放电等性能。然而，开口式铅酸蓄电池有两个主要缺点：①充电末期水会分解为氢，氧气体析出，需经常加酸、加水，维护工作繁重；②气体溢出时携带酸雾，腐蚀周围设备，并污染环境，限制了电池的应用。近二十年来，为了解决以上的两个问题，世界各国竞相开发密封铅酸蓄电池，希望实现电池的密封，获得干净的绿色能源。

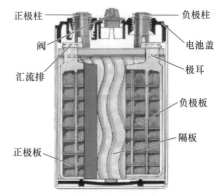

图 3-4　铅酸蓄电池结构

我们常用的铅酸蓄电池主要分为三类，分别为普通蓄电池、干荷蓄电池和免维护蓄电池。

铅酸蓄电池的结构如图 3-4 所示，其放电和充电反应过程，是其活性物质进行可逆化学反应的过程，其工作原理可以用下列化学反应方程式表示：

$$充电：2PbSO_4 + 2H_2O = PbO_2 + Pb + 2H_2SO_4$$

$$放电：PbO_2 + Pb + 2H_2SO_4 = 2PbSO_4 + 2H_2O$$

2. 镍镉蓄电池

镍镉蓄电池是最早应用于手机等设备的电池种类，它具有良好的大电流放电特性、耐过充放电能力强、维护简单。

镍镉蓄电池可重复 500 次以上的充放电，经济耐用。其内阻很小，可快速充电，又可为负载提供大电流，而且放电时电压变化很小，是一种非常理想的直流供电电池，如图 3-5 所示。

图 3-5　镍镉蓄电池

镍镉蓄电池的主要用途：

1）大型袋式和开口式镍镉蓄电池主要用于铁路机车、矿山、装甲车辆、飞机发动机等作为起动或应急电源。

2）圆柱密封式镍镉蓄电池主要用于电动工具、剃须器等便携式电器。

3）小型扣式镍镉蓄电池主要用于小电流、低倍率放电的无绳电话、电动玩具等。

由于废弃镍镉蓄电池对环境的污染，该系列的蓄电池将逐渐被性能更好的金属氢化物镍蓄电池所取代。

3. 金属氢化物镍蓄电池

金属氢化物镍蓄电池是一种碱性电池，因为电解质是碱性（pH > 7），如图 3-6 所示，金属氢化物镍蓄电池的标称电压为 1.2V，能量密度可达到 70 ~ 80W·h/kg，有利于延长混合动力电动汽车的续驶里程。功率密度可达到 200W/kg，是铅酸蓄电池的 2 倍，能够提高车辆的起动性能和加速性能。

图 3-6　金属氢化物镍蓄电池

金属氢化物镍蓄电池的正极，是球状氢氧化镍粉末与添加剂钴等金属、塑料和黏合剂等制成的涂膏，用自动涂膏机涂在正极板上，然后经过干燥处理成发泡的氢氧化镍正极板。其工作原理如图 3-7 所示。

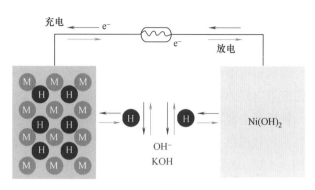

图 3-7　金属氢化物镍蓄电池工作示意图

在正极材料 $Ni(OH)_2$ 中添加 Ca、CO、Zn 或稀土元素，对电极的性能有明显的改进。

金属氢化物镍蓄电池的化学反应式如下：

$$Ni(OH)_2 + M \underset{\text{放电}}{\overset{\text{充电}}{\rightleftharpoons}} NiOOH + MH$$

 小贴士

金属氢化物镍蓄电池的特点：

1）应急补充充电性能好，一次充电后行驶里程长，而且起动加速性能较好。

2）可以在环境温度 $-28 \sim 80℃$ 条件下正常工作。循环寿命可达到 6000 次。

3）在高温条件下使用时电荷量急剧下降，自放电损耗较大，价格较贵。

4）金属氢化物镍蓄电池的功率密度和放电能力不及镍镉蓄电池。

5）金属氢化物镍蓄电池在使用时还应充分注意各个单体蓄电池之间的一致性（均匀性），特别是在高速率、深放电情况下，各个单体蓄电池之间的容量和电压差较明显。注重对蓄电池组在充、放电过程中的导热管理和蓄电池安全装置的设计。

4. 锂离子蓄电池

笔记

传统的铅酸蓄电池、镍镉蓄电池和金属氢化物镍蓄电池本身技术比较成熟，但它们用在汽车上作为动力蓄电池则存在较大的问题。目前，越来越多的汽车厂家选择采用锂电池作为电动汽车的动力蓄电池。锂离子蓄电池采用液态有机电解质，按照正极材料的不同，目前常用的有以下几种：三元材料锂电池（镍、钴、锰）、钴酸锂电池、锰酸锂电池、磷酸铁锂电池。锂电池工作原理如图 3-8 所示。

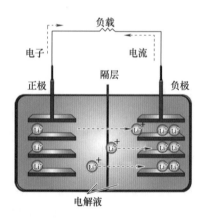

图 3-8　锂电池工作示意图

锂离子蓄电池的特点：

1）工作电压高（是金属氢化物镍蓄电池的 2 倍）。

2）能量密度大（可达 $165W \cdot h/kg$，是金属氢化物镍蓄电池的 2 倍）。

3）体积小，质量轻，循环寿命长，自放电率低，无记忆效应，无污染。

当前许多知名的汽车企业都致力于开发锂电池汽车，如美国福特、克莱斯勒，日本丰田、三菱、日产，韩国现代等。而国内汽车企业比亚迪、吉利、奇瑞、力帆、中兴等，也纷纷在自己的混合动力和纯电动汽车中搭载锂电池。

目前锂离子蓄电池发展的瓶颈是：安全性能和蓄电池管理系统。安全性能方面，

由于锂离子蓄电池具有能量密度大、工作温度高、工作环境恶劣等特点，加上以人为本的安全理念，因此，用户对蓄电池的安全性提出了非常高的要求。蓄电池管理系统方面，由于汽车动力蓄电池的工作电压高达几百伏，而单个锂离子蓄电池的工作电压是 3.7V，因此必须由多个蓄电池串联而提高电压，但由于蓄电池难以做到完全均一的充放电，因此导致蓄电池组内的单体蓄电池会出现充放电不平衡的状况，蓄电池会出现充电不足和过放电现象，而这种状况会导致蓄电池性能的急剧恶化，最终导致蓄电池组无法正常工作，甚至报废，从而大大影响蓄电池的使用寿命和可靠性能。

5. 飞轮电池

当飞轮以一定角速度旋转时，它就具有一定的动能。飞轮电池正是以其动能转换成电能的。飞轮电池是 20 世纪 90 年代才提出的新概念电池，它突破了化学电池的局限，用物理方法实现储能。飞轮电池中有一个电机，充电时该电机以电动机形式运转，在外电源的驱动下，电机带动飞轮高速旋转，即用电给飞轮电池"充电"增加了飞轮的转速从而增大其动能；放电时，电机则以发电机状态运转，在飞轮的带动下对外输出电能，完成机械能（动能）到电能的转换，如图 3-9 所示。

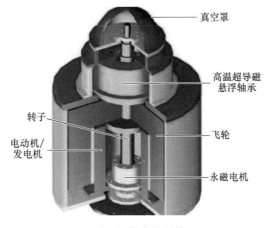

图 3-9　飞轮电池结构

飞轮电池能量密度可达 150W·h/kg，功率密度达 5000 ~ 10 000W/kg，使用寿命长达 25 年，可供电动汽车行驶 500 万 km。

6. 超级电容器

超级电容器（Super Capacitors），又名电化学电容器、双电层电容器、黄金电容、法拉电容，是从 20 世纪 70 至 80 年代发展起来的通过极化电解质来储能的一种电化学元件。超级电容器的结构与原理如图 3-10 所示。

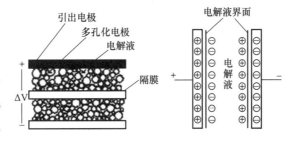

图 3-10　超级电容器结构与原理

超级电容器的突出优点是功率密度高、充放电时间短、循环寿命长、工作温度范围宽，是世界上已投入量产的双电层电容器中容量最大的一种。超级电容器可以弥补现阶段锂离子蓄电池在功率密度等方面的不足。目前，它已经应用于军事、新能源汽车以及各种机电设备中。

我国电池产业基础雄厚，动力蓄电池研发产品的主要性能居国际先进水平，但需要解决一些薄弱环节。

三、动力蓄电池的结构特点

大多数混合动力电动汽车使用双电压系统。高压系统用于向驱动电机提供动力，而传统的 12V 系统用于向低压辅助系统供电。

知识拓展

混合动力电动汽车会有三个独立的电压系统吗？

丰田汉兰达 HEV 有一个 12V 辅助系统，一个供电子动力辅助转向盘的 42V 系统和一个混合动力驱动的 288V 高压系统。

笔记

目前，金属氢化物镍蓄电池和锂离子蓄电池已经可以达到混合动力电动汽车的使用要求，但仍有价格高或寿命不长等缺陷。大多数混合动力电动汽车用金属氢化物镍蓄电池作为汽车的动力蓄电池来供电。普锐斯即采用金属氢化物镍蓄电池，而第四代插电式普锐斯首次采用了锂离子蓄电池为整车提供动力。国内比亚迪采用其自主研发的锂离子蓄电池，因采用的材料含 Fe，其命名为铁电池。金属氢化物镍蓄电池的生产前景广阔，因为它使用的材料储量非常丰富，而且可循环利用。

1. 动力蓄电池的结构

金属氢化物镍蓄电池的每个单体蓄电池只产生 1.2V 电压。为了制造 1 个能产生高压的蓄电池组（如本田 IMA144V，福特 Escape 混合动力电动汽车 330V），多个单体蓄电池必须串联连接。

传统汽车的 12V 蓄电池就是串联连接的一个例子。铅酸蓄电池的单体蓄电池标称电压为 2V，但单体蓄电池的电压不能用于汽车电气系统。如果把 6 个相同的单体蓄电池串联，电压会变大，一共产生 12V。常用于玩具和手控游戏的 9V 碱性蓄电池是另一个例子。事实上，9V 蓄电池是把 6 个 1.5V 单体蓄电池串联放在盒子里。

现在使用的电池技术的单体蓄电池标称电压限制了蓄电池设计。就金属氢化物镍蓄电池来说，每个单体蓄电池只能产生 1.2V 电压。高压金属氢化物镍蓄电池电压必须是 1.2V 的倍数。为了构成 1 个 144V 的蓄电池，120（144V ÷ 1.2V = 120）个单体蓄电池必须串联在一起。很显然，蓄电池的输出电压越高，所需单体蓄电池的数量就越多，如图 3-11 所示。

图 3-11　动力蓄电池结构

知识拓展

丰田第四代普锐斯动力蓄电池技术与前三代有区别吗？

第三代普锐斯的动力蓄电池采用金属氢化物镍蓄电池，由28个单独的蓄电池组组成，通过2个母线模块相互串联在一起。每个蓄电池组均由6个单体蓄电池组成，动力蓄电池总共有168个单体蓄电池（6个单体蓄电池×28组），单体蓄电池电压是1.2V，标称电压是201.6V，如图3-12所示。

第四代普锐斯提供了两种蓄电池选择，较为传统的金属氢化物镍蓄电池和目前比较流行的锂离子蓄电池。虽然两种蓄电池的材料不同，但在制造成本、蓄电池性能、蓄电池体积等方面均类似。两种蓄电池的输出电压相近，锂离子蓄电池的输出电压为207.2V，金属氢化物镍蓄电池则为201.6V；所占的体积也相似，锂离子蓄电池体积约为30.5L，金属氢化物镍蓄电池约为35.5L。

为了让高配版本车型与普通车型有相同的燃油效率，工程师绞尽脑汁为高配车型减重，首当其冲的就是汽车的蓄电池系统。高配版车型使用的锂离子蓄电池包由56个单体蓄电池组成，能达到与168个单体金属氢化物镍蓄电池组成的蓄电池包类似的性能，而重量却减少了16kg，如图3-13所示。

图3-12　第三代普锐斯动力蓄电池

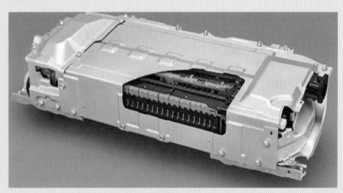

图3-13　第四代普锐斯动力蓄电池结构

普通车型使用的金属氢化物镍蓄电池在配方上有所改良，相比于上一代蓄电池重量减少了2.4%、体积缩小了10%，充电速度则提升了28%。得益于新款蓄电池更高的能量密度和更小的体积，工程师可以把蓄电池安装在后排乘客的座位下面，这样既增加了汽车的载物空间，也不再需要在座舱与底盘之间铺放一层蓄电池了。这种蓄电池的布局使得汽车的重心更低，从而提升了汽车的操控性能，如图3-14所示。

图3-14　第四代普锐斯动力蓄电池安装位置

2. 动力蓄电池的冷却

动力蓄电池在充电时，其化学反应过程与放电时是相反的，在充电过程中放出热量，会导致动力蓄电池温度上升。由于混合动力电动汽车上的动力蓄电池总是在不断地充电、放电，那么它所产生的热量就会很大。温度升高除了导致动力蓄电池老化外，最重要的是还会使得相关导体上的电阻增大，这会导致电能不转化为功，而是转换成热量释放掉了。因此，动力蓄电池有一个冷却模块，该模块上有自己的蒸发器，并连接在电动空调压缩机的冷却液循环管路上，如图 3-15 所示。这个冷却模块使用 12V 的车载电网电压工作。

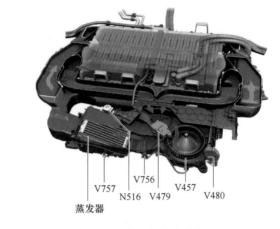

图 3-15　动力蓄电池冷却模块

V457—蓄电池风扇 1　V479—动力蓄电池循环空气翻板 1 的伺服电机

V480—动力蓄电池循环空气翻板 2 的伺服电机　V756—动力蓄电池蒸发器前的温度传感器

V757—动力蓄电池蒸发器后的温度传感器　N516—动力蓄电池冷却液截止阀 1

Audi Q5 采用风冷法，利用专用冷却风扇和来自车厢内部的空气冷却动力蓄电池。在新鲜空气工作模式时，风扇 V457 从备胎坑内抽出空气，空气经蒸发器被引入到蓄电池，热空气经后保险杠下方被引出。在循环空气工作模式时，循环空气翻板 1 和 2 都是关闭的，不会吸入新鲜空气。在需要时，控制单元将请求信息通过 CAN 总线发送给空调控制单元，以便去接通电动空调压缩机。

四、正确处理动力蓄电池

金属氢化物镍蓄电池电解液是强碱性氢氧化钾溶液（无味、透明、无色），随意处理动力蓄电池是非常危险的。应根据以下程序正确处理动力蓄电池，见表 3-1。

表 3-1　处理动力蓄电池

项　目	程　序
动力蓄电池所在区域出现液体泄漏时	使用硼酸和水的饱和液进行中和 用石蕊试纸判定混合液为中性，用抹布或废布将其擦除
报废车辆时	从车辆上拆下动力蓄电池，通过规定的途径进行回收
存放动力蓄电池时	切勿将动力蓄电池放置于潮湿的地方
长时间存放车辆时，防止动力蓄电池放电或损坏	断开辅助蓄电池负极端子 存放期间，应每两个月对动力蓄电池进行充电。使用以下程序，对动力蓄电池充电 1）连接辅助蓄电池负极端子 2）将电源开关置于 ON（IG）位置 3min，不要施加任何电气负载（执行此操作以使混合动力电动汽车 ECU 总成检测正确的 SOC） 3）将电源开关置于 ON（REDAY）位置。发动机起动后，使其运转 30min 以对动力蓄电池充电。如果发动机无法起动或在 30min 内间歇性地停止，则立即停止操作（无需对动力蓄电池充电）

学习任务 2　动力蓄电池管理系统的认知

【学习目标】

1. 掌握动力蓄电池管理系统的作用。
2. 了解动力蓄电池管理系统在纯电动汽车和混合动力电动汽车上的不同作用。
3. 掌握动力蓄电池管理系统的组成和基本功能。

【任务描述】

　　客户张先生购置的混合动力电动汽车比亚迪秦，在行驶过程中，仪表盘上动力蓄电池切断指示灯亮起，4S 店技术人员在经过各项检测之后，判断张先生的比亚迪秦汽车出现了动力蓄电池故障。请你作为维修技师为客户排除车辆故障，并向其介绍动力蓄电池管理系统。

【知识准备】

一、动力蓄电池管理系统的作用

　　一般蓄电池存在着存储能量少、寿命短、串并联使用问题、使用安全性欠佳、蓄电池电量估算困难等缺点。蓄电池的性能是很复杂的，不同类型的蓄电池特性亦相差很大。动力蓄电池管理系统（BMS）主要就是为了能够提高蓄电池的利用率，防止蓄电池出现过充电和过放电，延长蓄电池的使用寿命，监控蓄电池的状态。随着蓄电池管理系统的发展，也会增添其他的功能，如图 3-16 所示。

　　混合动力电动汽车使用的金属氢化物镍蓄电池是一种集能源、材料、化学、环保于一身的绿色环保电池，具有高能量密度、大功率、高倍率放电、快速充电能力、无明显记忆效应等特点，是混合动力电动汽车使用的重要能源。由于电化学反应的特殊性，动力蓄电池的各项参数都受到一定的范围限制。因此，掌握蓄电池的特性和合理地管理蓄电池至关重要，它对电动汽车中的动力系统参数优化匹配、提高整车的动力性、经济性和延长蓄电池寿命等具有重要意义。

笔记

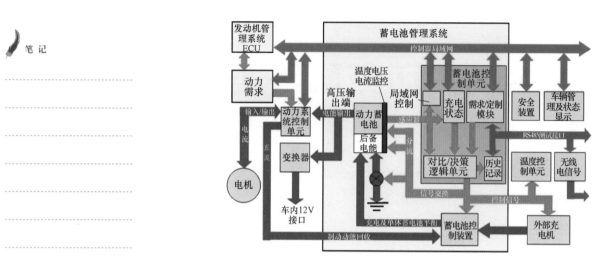

图 3-16   BMS 框图

动力蓄电池管理系统（BMS）主要保障蓄电池在合理的条件范围内工作，检测蓄电池组的电压、电流、温度和继电器状态，进行荷电状态（SOC）、能量状态（SOE）和蓄电池健康状态（SOH）的预测，完成温度管理、均衡控制、充放电控制、故障诊断、CAN 通信和液晶显示等功能。

知识拓展

BMS 在纯电动汽车和混合动力电动汽车上作用有什么区别？

1. 纯电动汽车与混合动力电动汽车的 BMS 功能共同点

BMS 需负责动力蓄电池系统的充电功能、SOC 估算功能、SOE 估算功能、SOH 估算功能、功率控制功能、故障诊断功能、均衡控制功能、热管理功能等。

2. 纯电动汽车与混合动力电动汽车的 BMS 功能差异

纯电动汽车动力蓄电池系统与混合动力电动汽车动力蓄电池系统相比，纯电动汽车动力蓄电池偏向于能量型电池；而混合动力电动汽车动力蓄电池偏向于功率型电池，车辆的纯电动续驶里程较短，需要考虑行车过程中的动力蓄电池系统的充放电功能控制及配合发动机的驱动功能控制。故整车对 BMS 控制功能的大体需求虽然一致，但功能细节是有差异的。

与纯电动汽车 BMS 可以存在稳定的充电工况相比，混合动力电动汽车 BMS 在行车过程中基本上很难找到一个稳定的充电工况，所以这对 SOC 估算功能、SOE 估算功能、功率控制功能的要求较高。

二、动力蓄电池管理系统的组成和基本功能

BMS 主要由单体控制单元（CCU）、温度控制单元（TCU）、安全控制单元（SCU）、蓄电池控制单元（BCU）组成，每个单元都包括不同的功能。CCU 主要负责单体蓄电池参数测量和单体均衡判断；TCU 管理单体温度保护和蓄电池组温度控制；SCU 负责预充电控制、接地故障检测、绝缘故障检测及高压环路故障检测；BCU 负责 SOC 预测、蓄电池工作状态控制、充放电控制、SOH 估计、BMS 历史数据记录、CAN

通信系统及液晶显示。其中，单体蓄电池参数测量主要实现蓄电池的电压、电流、温度、继电器状态等参数的检测，完成继电器的控制操作；预充电控制提供了一种安全接通高压系统的方法。在检测高压系统无短路和异常情况发生的条件下，再完全接通高压系统。SOH 主要对蓄电池衰减后的容量进行预测，目前主要采用电阻折算法和等效循环次数折算法。

BMS 承担着动力蓄电池的全面管理，一方面要保证动力蓄电池的正常运作，显示动力蓄电池的动态响应并及时报警，以便使驾驶人随时都能掌握动力蓄电池的情况；另一方面要对人身和车辆进行安全保护，避免因动力蓄电池引起的各种事故。

BMS 采用先进的微处理器进行控制，通过标准通信接口和控制模块对动力蓄电池进行管理。综合 BMS 的各种功能，其框架图如图 3-17 所示。

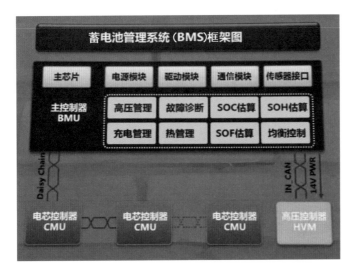

图 3-17　BMS 框架图

知识拓展

蓄电池组寿命困境是什么？

因为蓄电池组里各个单体蓄电池的电量存在差异，整个蓄电池组的电量类似"木桶原理"，是由蓄电池组内电量最小的单体蓄电池决定的，如图 3-18 所示。为了让每个单体蓄电池保持较好的一致性，就要对蓄电池组实施均衡，尽量让每个单体蓄电池的电量趋于相同。

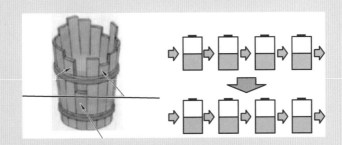

图 3-18　木桶原理

知识拓展

均衡技术是什么?

　　均衡技术是一个亮点,蓄电池均衡控制是 BMS 的一个重要功能,这个也可以理解成蓄电池电量的均衡。因为蓄电池包里各个单体蓄电池一致性存在差异,充电时导致最小容量单体蓄电池过充,放电时导致最小容量单体蓄电池过放,最终导致最小容量的单体蓄电池衰减更加厉害,进入恶性循环。而蓄电池均衡的作用就是在充放电过程末期保证单体蓄电池之间的一致性。在同行业中很多企业都还仅仅是以外接充电均衡为主的时候,上汽的 BMS 已经可以支持行车均衡/充电均衡/离线均衡,这种设计更有利于延长蓄电池寿命。

学习情景4

混合动力电动汽车动力系统结构原理

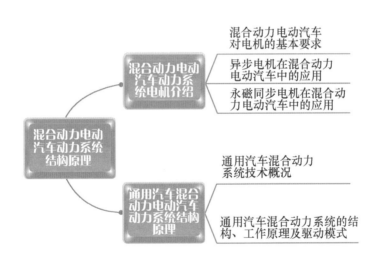

混合动力电动汽车动力系统结构原理

混合动力电动汽车动力系统电机介绍
- 混合动力电动汽车对电机的基本要求
- 异步电机在混合动力电动汽车中的应用
- 永磁同步电机在混合动力电动汽车中的应用

通用汽车混合动力电动汽车动力系统结构原理
- 通用汽车混合动力系统技术概况
- 通用汽车混合动力系统的结构、工作原理及驱动模式

学习任务1 混合动力电动汽车动力系统电机介绍

【学习目标】

1. 了解混合动力电动汽车对电机的基本要求。
2. 掌握异步电机在混合动力电动汽车中的应用。
3. 掌握永磁同步电机在混合动力电动汽车中的应用。

【任务描述】

一位客户想购买一辆混合动力电动汽车，但他并不了解混合动力电动汽车的动力系统，不知道车辆上使用哪种电机比较好。你作为销售顾问负责给客户介绍混合动力电动汽车上的电机种类和特点。

【知识准备】

电机在工业中的应用非常广泛，功率覆盖范围宽，种类也很多。但由于电动汽车在功率、转矩、体积、质量、散热等方面对驱动电机有更高的要求，因此，相比工业电机，电动汽车驱动电机必须具备更优良的性能，如：小体积以适应车辆有限的内部空间，工作温度范围宽（-40~1050℃），适应不稳定的工作环境，高可靠性以保证车辆和乘员的安全，高功率密度（1.0~1.5kW/kg）以提供良好的加速性能等。因此驱动电机的种类相对较少，功率覆盖也相对较窄，产品相对集中。

目前，应用于电动汽车的驱动电机主要包括直流电机、交流电机和开关磁阻电机三类，其中在乘用车、商用车领域应用较为广泛的电机包括直流（无刷）电机、交流感应（异步）电机、永磁同步电机、开关磁阻电机等。

一、混合动力电动汽车对电机的基本要求

混合动力电动汽车对电机具体要求如下：

1）电机结构紧凑、尺寸小，封装尺寸有限，必须根据具体产品进行特殊设计。
2）质量轻，以减轻车辆的整体质量。应尽量采用铝合金外壳，同时转速要高，以

减轻整车的质量，增加电机与车体的适配性，扩大车体可利用空间，从而提高乘坐的舒适性。

3）可靠性高、失效模式可控，以保证乘车者的安全。

4）提供精确的力矩控制，动态性能较好。

5）效率高，功率密度较高。要保证在较宽的转速和转矩范围内都有很高的效率，以降低功率损耗，提高一次充电的续驶里程。

6）成本低，以降低车辆生产的整体费用。

7）调速范围宽。应包括恒转矩区和恒功率区，低速运行输出的恒定转矩大，以满足汽车快速起动、加速、负荷爬坡等要求；高速运行输出恒定功率，有较大的调速范围，以满足平坦的路面、超车等高速行驶的要求。

8）瞬时功率大，过载能力强。要保证汽车具有较高的过载能力，以满足短时内加速行驶与最大爬坡度的要求。

9）环境适应性好。要适应汽车本身行驶的不同区域环境，即使在较恶劣的环境中也能够正常工作，具有良好的耐高温、耐潮湿性能。

10）再生制动效率高。在汽车减速时，能够实现再生制动，将能量回收并反馈回蓄电池，使得电动汽车具有最佳能量利用率。

11）结构简单，价格低廉，适合大批量生产，运行时噪声低，使用维修方便。

二、异步电机（感应电机）在混合动力电动汽车中的应用

1. 异步电机介绍

异步电机又称感应电机，这种电机并不像直流电机有电刷或集电环，依据所用交流电的种类有单相异步电机和三相异步电机。

异步电机有下面的优点：结构紧凑、坚固耐用；运行可靠、维护方便；价格低廉，体积小、质量轻；环境适应性好；转矩脉动低，噪声低。交流异步电机成本低而且可靠性高，逆变器即便损坏而产生短路时也不会产生反电动势，所以不会出现急刹车的可能性。

2. 交流异步电机的结构及工作原理

（1）交流异步电机的结构　交流异步电机由定子和转子这两大基本部分组成，在定子和转子之间有一定的气隙。此外，还有端盖、轴承、接线盒、风扇等其他附件。典型三相笼型交流异步电机结构如图4-1所示。

定子是用来产生旋转磁场的，在工作时是静止不动的。三相异步电机的定子一般由外壳、定子铁心、定子绕组等部分组成。转子是电机的旋转部分，切割定子旋转磁场产生感应电动势及电流，并形成电磁转矩而使电机旋转。转子由转子铁心和转子绕组组成，转子绕组是自成闭路的短路线圈。转子绕组不需外接电源供电，其电流是由电磁感应作用产生的。它有两种结构形式：笼型转子和绕线转子。交流异步电机可分为笼型异步电机和绕线式异步电机。笼型异步电机由于构造简单、价格便宜、运行安

笔记

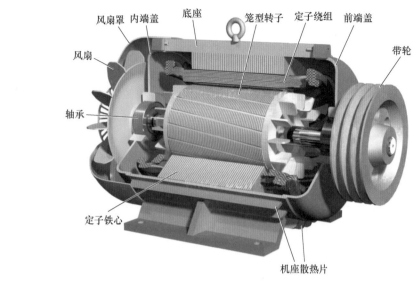

图 4-1　典型三相笼型交流异步电机结构

全可靠、使用方便，因而成为使用最广泛的一种电机。

（2）交流异步电机的工作原理　在三相异步电机中，定子三相对称绕组中通入三相对称电流，交流电流变化一个周期，合成磁场在空间也旋转了一周。电流持续变化，磁场也不断地旋转，从而在电机中产生了旋转磁场。旋转磁场在气隙中以同步转速 n_1 旋转。根据电磁感应定律，转子导体受到旋转磁场的磁力线切割，就会在导体中产生感应电动势。在感应电动势的作用下，在导体中产生了感应电流。根据电磁力定律，当在磁场中与磁力线垂直方向上存在载流导体时，将受到电磁力的作用，电磁力将产生与旋转磁场方向相同的电磁转矩，转子在电磁转矩的作用下，以转速 n 克服阻力转动起来，转动方向与旋转磁场的旋转方向相同。

3. 异步电机的控制系统

由于交流异步电机不能直接使用直流电，因此需要逆变装置进行转换控制。电动汽车减速或制动时，电机处在发电制动状态，给动力蓄电池充电，实现机械能转换为电能。在电动汽车上，由功率半导体器件构成的 PWM 功率逆变器把动力蓄电池提供的直流电变换为频率和幅值都可以调节的交流电。

三相异步电机逆变器的控制方法主要有 V/f 恒定控制法、转差率控制法、矢量控制法和直接转矩控制法。20 世纪 90 年代以前主要使用前两种控制方式，但是因转速控制范围小，转矩特性不理想，而对于需频繁起动、加减速的电动汽车并不适合。后两种控制方式目前处于主流的地位。

4. 异步电机的应用现状

在美国，异步电机应用得较多，这也被认为是和路况有关。在美国，高速公路已经具有一定的规模，除了大城市外，汽车一般都以高速持续行驶，所以能够实现高速运转而且在高速时有较高效率的异步电机得到广泛应用。在我国，随着高速公路规模的发展，交流异步电机在电动汽车上的应用也会越来越重要。

知识拓展

特斯拉汽车使用异步电机

特斯拉汽车的心脏是它的三相四极感应电机，它的重量只有 31.75kg（70 磅）。根据特斯拉的声明和独立测试，特斯拉汽车可在约 4s 加速到 96.56km/h（60 英里每小时），最高速度能达到大约 209.21km/h（130 英里每小时）。特斯拉汽车甚至可以在非常低的转速产生较大的转矩，并使电机维持在大功率状态，它可以达到 13 000r/min，这是大多数内燃机无法做到的。特斯拉异步电机的转子和定子如图 4-2 所示。

a)　　　　　　　　　　　　b)

图 4-2　特斯拉异步电机的转子和定子

a）特斯拉异步电机的铜转子　b）特斯拉异步电机的定子

三、永磁同步电机在混合动力电动汽车中的应用

1. 永磁同步电动机简介

在电机内由永磁体来产生磁场，这种方法既可简化电机结构，又可节约能量。由永磁体产生磁场的电机就是永磁电机，其定子产生旋转磁场，转子用永磁材料制成。

永磁同步电机拥有功率密度大、体积小、效率高、结构简单牢固、易于维护等优点，且采用永磁同步电机作为驱动电机的电动汽车驱动系统运行和维护成本较低；采用全数字化和模块化结构设计，使得驱动器接口灵活，控制能力更强，操作更加舒适；应用再生制动技术，可以减少制动器的磨损，同时又增加汽车续驶里程。

2. 永磁同步电机的分类及机械特性

（1）永磁同步电机的分类　永磁同步电机可分为交流永磁同步电机（PMSM），直流无刷永磁电机（BLDCM）和新型永磁电机（混合式永磁电机（HSM）、续流增磁永磁电机）三大类，目前电动汽车主要采用的是前两类。

永磁同步电机转子磁路结构不同，则电机的运行特性、控制系统等也不同。根据永磁体在转子上位置的不同，永磁同步电机主要可分为表面式和内置式。在表面式永磁同步电机中，永磁体通常呈瓦片形，并位于转子铁心的外表面上（图4-3），这种电机的重要特点是直、交轴的主电感相等；而内置式永磁同步电机的永磁体位于转子内部（图4-4），永磁体外表面与定子铁心内圆之间有铁磁物质制成的极靴，可以保护永磁体，这种永磁电机的重要特点是直、交轴的主电感不相等。因此，这两种电机的性能有所不同。

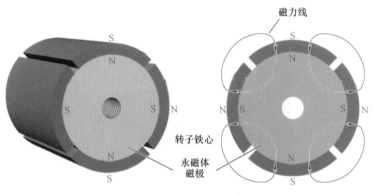

图4-3　表面式永磁转子

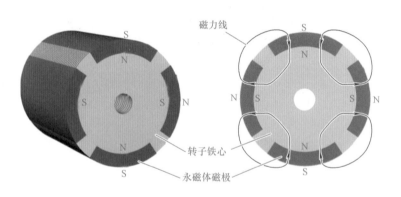

图4-4　内置式永磁转子

（2）永磁同步电机的机械特性　永磁同步电机的机械特性曲线如图4-5所示。根据特性曲线可以看出，永磁同步电机在低转速时转矩最大，随着转速的升高转矩逐渐降低。在低转速时功率随转速增加，在高转速时保持恒定的功率。

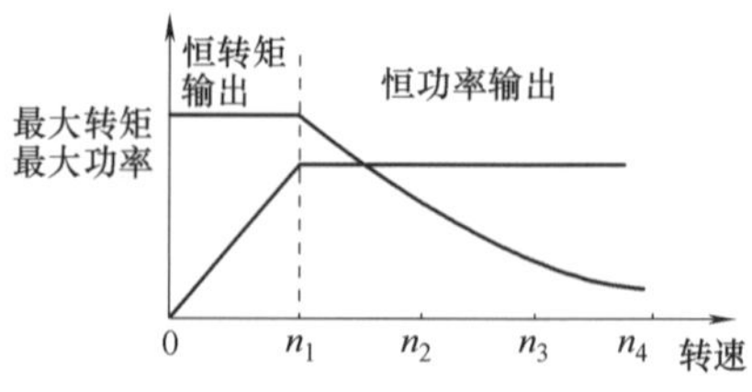

（3）永磁同步电机的控制策略　永磁同步电机的控制技术与感应电机类似，控制策略上主要集中在提高低速恒转矩特性和高速恒功率特性上。目前，永磁同步电机低速时常采用矢量控制，包括气隙磁场定向、转子磁链定向、定子磁链定向等；而在高速运行时，永磁同步电机通常采用弱磁控制。

图4-5　永磁同步电机的机械特性曲线

3. 永磁同步电机的发展现状

稀土永磁电机的设计理论、计算方法、检测技术和制造工艺正不断地完善和发展，永磁材料的性能和可靠性正不断地提高。电力电子技术、大规模集成电路和计算机技术的快速发展也对永磁同步电机的发展起到了积极的促进作用。随着未来混合动力电动汽车和纯电动汽车的快速发展，永磁同步电机将迎来一个更为快速发展的时期，其发展趋势也将呈现以下特点：高功率密度、高转矩密度、高可控性、高效率、高性能、高性价比等，以满足混合动力电动汽车和纯电动汽车的实际需求。

笔记

学习任务2　通用汽车混合动力电动汽车动力系统结构原理

【学习目标】

1. 掌握通用汽车混合动力系统的技术特点。
2. 掌握通用汽车混合动力系统的结构及工作原理。
3. 掌握通用汽车混合动力系统的驱动模式。

【任务描述】

客户在通用4S店展厅看上了一款通用混合动力电动汽车，他想作进一步的了解，请你作为一名销售顾问为客户介绍通用混合动力电动汽车的动力系统。

【知识准备】

通用集团最近在混合动力电动汽车市场上集中发力，推出了CT6插电式混合动力电动汽车、君越以及迈锐宝XL混合动力版车型。在不降低使用性能的同时降低稀土使用量是目前工业发展的一个重要方向。凯迪拉克CT6插电式混合动力电动汽车上的永磁同步电机，其转子的稀土使用量相比上一代电机降低了40%。稀土材料主要用于对高温退磁敏感的边界部分，而异步电机不需要采用稀土磁性材料也能较好地工作。

一、通用汽车混合动力系统技术概况

通用最新一代模块化驱动系统由一台1.8L自然吸气发动机和两组永磁同步电机以及双排行星齿轮和两个离合器构成，并配以高度集成的TPIM电控模块。动力蓄电池系统则选用了高性能的三元锂电池组，容量为1.5kW·h。表4-1为通用君越30H动力系统参数。

表4-1　通用君越30H动力系统参数

发动机排量	1.8L自然吸气
发动机搭载技术	阿特金森循环/双顶置凸轮轴/SIDI（缸内直喷）
最大输出功率/最大输出功率转速	94kW（128马力）/5000r/min

（续）

最大转矩/最大转矩转速	175N·m/4750r/min
电机总功率	114kW（155 马力）
电机总转矩	415N·m
最大综合输出功率	134kW（182 马力）
最大综合输出转矩	380N·m

通用君越混合动力电动汽车驱动系统可以实现电机单独驱动、发动机与电机混合驱动等多种驱动模式。最大综合输出转矩可达 380N·m，0～100km/h 加速时间仅用 8.9s，百公里油耗为 4.7L，与上一代君越 eAssist 混合动力车型相比，油耗降低 35%。除了君越 30H，这套系统还被通用旗下的迈锐宝 XL 混合动力车型所使用。迈锐宝 XL 混合动力版动力系统布局如图 4-6 所示。

图 4-6　迈锐宝 XL 混合动力版动力系统布局

二、通用汽车混合动力系统的结构及工作原理

君越 30H 上的驱动系统主要有纯电机驱动、汽油发动机驱动以及油电混合驱动三种驱动模式，发动机与两个电机之间通过两套离合器和两组行星齿轮相连接，并配合 ECVT（变速器）实现多种驱动模式之间的无缝切换。

图 4-7 所示为君越 30H 的混合动力系统动力传递路线，这款车的驱动电机系统更偏重对发动机的辅助，而非在更多的时间里直接驱动车辆。从这个示意图可以看到，发动机、电机、离合器、行星齿轮组以及动力蓄电池等部件的连接关系，发动机直接与行星齿轮 1 的外齿圈相连，为了获得平顺的动力输出，在它们之间设有一套输入转矩减振器，与自动变速器液力变矩器的减振结构类似。电机 1 和电机 2 分别连接在行星齿轮 1、2 的太阳轮上，这套系统输出轴都在行星架上。离合器 2 一端固定，一端与行星齿轮 2 连接，通过同时锁止两个离合器可以实现固定齿比的行驶模式。

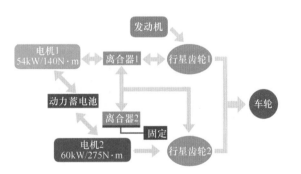

图 4-7　君越 30H 混合动力系统传递路线

图 4-8 是君越 30H 使用的电驱动系统总成，为一套高集成度双电机驱动系统。在其中集成了电控模块、双电机、电磁阀控制单元以及两组行星齿轮和差速器等部件，重量仅为 125kg。

由于发动机需要直接与行星齿轮相连，又没有离合机构控制动力的介入，因此在发动机和行星齿轮之间安装了一套输入转矩减振器，起到平顺发动机动力介入的作用。图4-9所示为输入转矩减振器实物。

图4-8　君越30H电驱动系统总成

图4-9　输入转矩减振器实物图

通用君越30H电控系统名为TPIM，将高压逆变模块集成在了壳体内部，在壳体外没有高压元件。电驱动系统将电机控制器集成到了TPIM内部，在这里就已经将动力蓄电池的高压直流电转换为了驱动两个电机所需的三相交流电。不仅省去了电机控制器之间的连接线路，同时还提高了产品的可靠性和安全性。TPIM控制系统本体内含三个高压逆变器，分别用于两个电机及电子油泵的供电。同时通用的这款电驱动系统采用的是油冷方案，所以在电控系统内部还安置有电子油泵的驱动单元。电控系统的内部结构如图4-10所示。

拆开电驱动系统的外壳，在动力输出侧内部的第一层为机械结构，如图4-11所示。主减速器采用行星齿轮结构，相比锥齿轮具有更好的平顺性和更低的噪声。驻车机构的驻车棘爪和驻车齿轮直接连接在了链轮总成上，而电子油泵则安置在整个电驱动系统的下方。这套系统的电机、离合器以及行星齿轮均通过油液进行冷却或润滑。

图4-10　通用君越30H电控系统的内部结构

图4-11　驱动系统机械结构

拆下链轮总成和差速器等机构，可以看到安置在电驱动系统之内的电机2本体，电机在低速情况下，如起步、倒车等情况会独立驱动车辆，它是永磁同步电机，具有60kW/275N·m的动力输出能力。在技术方面，它的定子绕组采用了矩形截面的导线，相比传统圆形截面的导线具有更低的阻抗，同时还能在工作时优化绕组的高频振动，达到降低电机噪声的目的。图 4-12 为电机 2 的本体及定子和转子。

图 4-12　电机 2 的本体及定子、转子

在电机 2 下方是行星齿轮 1，在这套驱动系统上采用了双排行星齿轮的设计，结构如图 4-13 所示。电机 1、2 分别连接行星齿轮 1、2 的太阳轮，发动机则连接行星齿轮 1 的外齿圈，在行星齿轮内部带有两个锁止离合器，用于锁止行星齿轮 2 和电机 1，从而达到调整传动比以及控制电机 1 动力输出的作用。

双排行星齿轮具有更为宽泛的传动比调节范围，可以使得发动机在更广的速度区间内都处于经济工作状态，并且获得更为多样的传动模式以适应更多的驾驶状态，从而达到优化动力节省燃油的目的。

图 4-13　双排行星齿轮

电机 1 同样是永磁同步电机，动力输出比电机 2 小一些，具有 54kW/140N·m 的动力输出能力。在工作时，这个电机主要起到辅助输出的作用，尤其是在高速行驶的情况下，它会将发动机的动力转化为电能用于驱动电机 2 或者是储存于动力蓄电池中。图 4-14 为电机 1 的布置及结构。

图 4-14　电机 1 的布置及结构

三、通用汽车混合动力系统的驱动模式

通用汽车搭载了双电机与双行星齿轮的驱动系统，包括一种纯电动驱动模式和两种发动机 + 电机混合驱动的工作模式。其中纯电动驱动模式主要应用于低速和中低负荷的行车状态上，如起步以及倒车的工况。

在车辆处于中低负荷区间内时，电驱动系统可以独立驱动车辆，此时发动机并不介入工作。车辆动力由电机 2 输出，此时离合器 2 锁止行星齿轮 2 的外齿圈，动力由太阳轮传递给行星架，进而输送到车轮上。如果车辆进入滑行或者减速状态，车轮拖动电机 2 反向为动力蓄电池进行充电，达到能量回收的目的。图 4-15 为低速纯电模式动力传递示意图。

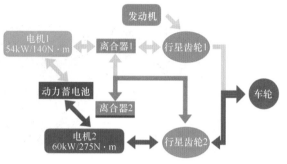

图 4-15　低速纯电模式动力传递示意图

当起步之后车辆进入匀速行驶状态，驱动系统会进入固定齿比的混合动力驱动模式。在此模式下，离合器 1 和离合器 2 均处于锁止状态。电机 1 不介入工作，行星齿轮 1 的太阳轮锁止，行星齿轮 2 的外齿圈也处于锁止状态，发动机和电机 2 的动力经由两个行星齿轮的行星架输出。需要回收动力时，同样由电机 2 进行能量回收。图 4-16 为固定齿比模式动力传递示意图。

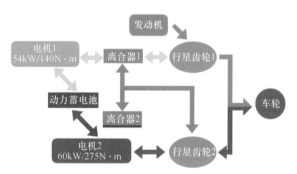

图 4-16　固定齿比模式动力传递示意图

随着车速的增加，当车辆需要更多动力加速时，第三种模式便被激活了。此时发动机的动力会经由两组行星齿轮被分割，一部分用于直接驱动车轮，另一部分则进入电机 2 转化为电能驱动电机 1。这时行星齿轮 1 就有了第二股从太阳轮输入的动力，这股动力与从外齿圈输入的发动机动力合成后从行星齿轮 1 的行星架输出驱动车轮。需要回收动力时，则同样通过电机 2 进行能量回收。在日常行车过程中，控制系统会根据需要在固定齿比模式和复合模式之间快速切换，根据实际工况选择合适的驱动模式。图 4-17 为复合模式动力传递示意图。

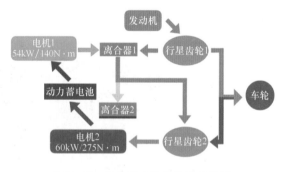

图 4-17　复合模式动力传递示意图

学习情景5

混合动力电动汽车辅助系统

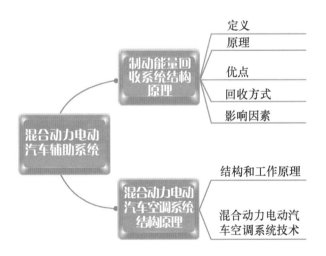

制动能量回收系统结构原理
- 定义
- 原理
- 优点
- 回收方式
- 影响因素

混合动力电动汽车辅助系统

混合动力电动汽车空调系统结构原理
- 结构和工作原理
- 混合动力电动汽车空调系统技术

学习任务1 制动能量回收系统结构原理

【学习目标】

1. 了解制动能量回收系统定义。
2. 了解制动能量回收原理。
3. 掌握制动能量回收系统特点。
4. 掌握制动能量回收方式。
5. 掌握影响制动能量回收的因素。

【任务描述】

李先生想要购买一辆混合动力电动汽车，正值丰田4S店搞"清凉一夏，优惠出行"的活动，李先生在参观展车的过程中发现丰田混合动力电动汽车的档位比传统燃油汽车多出一个再生制动B档位，李先生不知道B档位是如何工作的，于是准备咨询销售顾问。假如你是4S店的一名销售顾问，你会如何给李先生讲解制动能量回收系统呢？

【知识准备】

传统燃油汽车在减速、制动的时候，车辆的动能通过制动系统转化成了无用的热能释放到大气中，造成了能量的白白浪费。根据能量守恒定律，既然能量不会消失，那汽车在减速、制动时的动能能否转化成除了热能以外的另外一种形式的能量呢？混合动力电动汽车的制动能量回收系统便可以把这些动能转化为电能存储起来，避免了能量的浪费。

一、制动能量回收系统定义

物体都有保持运动状态不变的属性，也就是常说的惯性。物体由静止到运动，或者从运动到静止都需要克服惯性。汽车如果在前进过程中想通过制动系统停止，但由于惯性的原因不能直接停住，在减速期间，多余的动能会因制动以热能的形式消耗。

　　混合动力电动汽车相较于传统燃油汽车在能量利用方面优秀很多。为了提高能量的利用率，混合动力电动汽车上都设计有制动能量回收系统。作为混合动力电动汽车重要组成部分之一，制动能量回收系统是指汽车在减速、滑行或下坡时，将车辆行驶过程中的势能和动能，转化或部分转化为车载可充电储能系统的能量存储起来的系统。

课堂练习：如何能将制动时的能量利用起来，避免这部分能量的浪费呢？

二、制动能量回收原理

　　汽车在减速或制动时，电机可作为发电机工作，利用发电机发电从而将汽车的动能转化为电能，通过控制器储存到动力蓄电池中。它与汽车在用电能驱动前进时能量的流向刚好相反。在变频调速系统中，电动机的减速和停止都是通过逐渐减小运行频率来实现的，在变频器频率减小的瞬间，电动机的同步转速随之下降，而由于机械惯性的原因，电动机的转子转速未变，这时会出现实际转速大于给定转速，从而产生电动机反电动势高于变频器直流端电压的情况，这时电动机就变成发电机，非但不消耗动力蓄电池电能，反而可以通过控制器向动力蓄电池充电，这样既有良好的制动效果，又将动能转变为电能，向动力蓄电池充电从而达到能量回收的目的。

课堂练习：制动能量回收系统是如何工作的呢？

三、制动能量回收系统的优点

　　1）能够提高车辆的能量利用率，有效地增加续驶里程。有研究表明：在车辆非紧急制动的普通制动场合，约20%的能量可以回收。

　　2）使制动平稳，可以提高制动效率，缩短制动距离。

　　3）可以减少车辆制动蹄片磨损，延长制动蹄片使用寿命，起到降低成本的作用，同时降低汽车制动器的热衰退，提高汽车的安全性和可靠性。

　　从制动能量回收系统的优点可以看出它不仅能满足车辆动力性、平稳性、安全性和可靠性等基本性能，还可以根据不同的运行工况，实现发动机、电机、动力蓄电池、功率变换模块等之间的能量相互转换，使整个车辆的能量利用率达到最佳效果。

 制动能量回收系统会对制动有影响吗？

　　在有制动能量回收系统工作的情况下，车辆本身处于减速状态，此时所需的制动力度会相对较轻。

制动能量回收与车速有关吗？

　　制动能量回收系统及辅助制动力大小与车速和踩下制动踏板行程有关。

四、制动能量回收方式

根据储能机理不同，新能源汽车制动能量回收的方式也不同，主要有飞轮储能、液压储能和电化学储能等几种方式，其中电化学储能是新能源汽车上应用最广泛的制动能量回收方式。

1. 飞轮储能

飞轮储能是利用电动机带动飞轮高速旋转，将电能转化成动能储存起来，在需要的时候再用飞轮带动发电机发电的储能方式。如图5-1所示为飞轮储能系统能量转换过程。当车辆减速或制动时，将车身的惯性动能转化为飞轮高速旋转的动能。当车辆起动或加速时，飞轮储能系统将其旋转动能转换为汽车行驶的驱动力。

图5-1 飞轮储能系统能量转换过程

飞轮储能在混合动力电动汽车的应用如沃尔沃F1的KERS系统，如图5-2所示，在保留F1赛车原有动力总成的基础上，加装由CVT（无级变速器）和真空飞轮构成的动能回收系统。但由于技术水平限制，飞轮储能在汽车上应用相对较少，主要应用在轨道交通中。

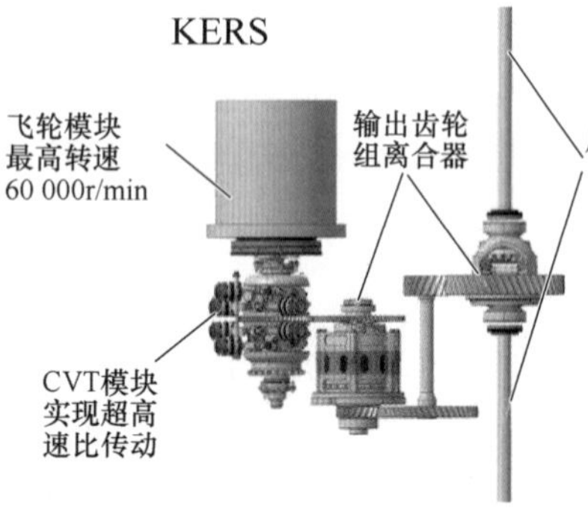

2. 液压储能

液压储能以液压能的方式储存能量。液压储能系统由一个具有可逆作用的泵/马达实现蓄能器中的液压能与车辆动能之间的转化，即在车辆制动或减速时，储能系统将泵/马达以泵的形式工作，车辆行驶的动能带动泵旋转，将高压油压入蓄能器中，实现动能到液压能的转化；在车辆起动或加速时，储能系统再将泵/马达以马达的形式工作，高压油从蓄能器中输出，带动马达工作，实现液压能到车辆动能的转化。如图5-3所示为液压储能系统能量转换过程。

图5-2 沃尔沃KERS系统示意图

图5-3 液压储能系统能量转换过程

液压储能在混合动力电动汽车上的应用如标致雪铁龙集团的 Hybrid Air 技术，如图 5-4 所示。相比油电混合动力，Hybrid Air 的优点在于结构简单、成本低、可靠性高，不存在蓄电池寿命问题，理论上可以做到整套系统与车辆同寿命，降低成本。但是液压储能的能量密度较小，限制了车辆的混合程度，因此暂时没有广泛应用在汽车上。

图 5-4 Hybrid Air 技术示意图

3. 电化学储能

电化学储能是利用具有可逆作用的电机实现储能装置中的电能和车辆动能的转化。在车辆制动或减速时，电机以发电机形式工作，车辆行驶的动能带动发电机将车辆动能转化为电能并储存在储能装置中。在车辆起动或加速时，电机作为电动机驱动汽车。如图 5-5 所示为电化学储能系统能量转换过程。

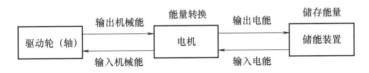

图 5-5 电化学储能系统能量转换过程

储能装置可采用蓄电池或超级电容器，由电机实现机械能和电能之间的转换。电化学储能系统还包括一个控制单元，用来控制蓄电池或超级电容器的充放电状态。

电化学储能在混合动力电动汽车上的应用最为广泛，如丰田普锐斯混合动力电动汽车，其制动能量回收系统如图 5-6 所示。电化学储能容量一致性较好，低温性能较好，使用的温度范围比较广，而且使用寿命长，维修和维护成本低。

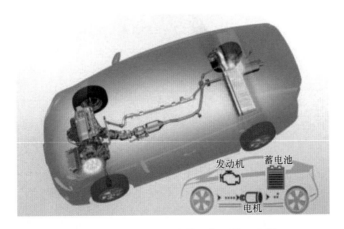

图 5-6 普锐斯制动能量回收系统示意图

五、影响制动能量回收的因素

车辆工作后，制动系统内部的各项作业会受到不同因素的影响，从而影响制动能量回收系统的能量利用率，对制动能量回收最大化产生消极作用。影响制动能量回收的因素主要有电机、动力蓄电池、液压制动系统。

1. 电机对制动能量回收的影响

电机对制动能量回收的实现起到了关键作用，电机的工作效率和工作状态会直接影响制动能量回收总量和回收率的高低。电机的外特性决定了某一转速下再生制动能量回收的最大值。根据图 5-7 电机特性图可以发现，电机转速在基速以下时，输出的转矩保持恒定，功率和转速成正比例关系；当电机转速在基速以上时，电机功率达到最大并保持不变，而输出的转矩会随转速的增加不断减少。

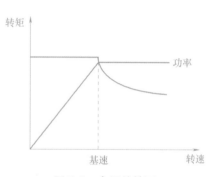

图 5-7　电机特性图

当车速较低时，电机转速也会随之降低，此时电机产生的感应电动势很低，不足以为蓄电池充电，因此不利于实现制动能量的回收。

2. 动力蓄电池对制动能量回收的影响

动力蓄电池是制动能量回收的储能装置，蓄电池的 SOC 和最大充电功率影响着制动能量回收。蓄电池对 SOC 的运行范围有一定的要求，过充电和过放电都会影响蓄电池的寿命。表 5-1 所示为锂离子蓄电池的工作数据，当 SOC 的运行范围大于 70% 时，制动能量回收系统就不再为蓄电池充电。

表 5-1　锂离子蓄电池工作数据

SOC 运行值	蓄电池是否充电	车辆制动情况
30%	是	制动
50%	是	制动
70%	是	制动
90%	否	制动

另外由于车辆制动时间非常短暂，可以认为蓄电池的 SOC、内阻和温度保持不变，蓄电池的开路电压也保持不变，为了保护蓄电池，BMS 都会对最大电流进行限制。在制动过程中动力蓄电池保持最大的充电功率进行充电，但是如果动力蓄电池处于电量充足状态，即使制动也不会给动力蓄电池进行充电。

3. 液压制动系统对制动能量回收的影响

电机制动能量回收能力有限，同时车辆电气系统容易出现故障，为了保证液压制动系统工作的安全性和稳定性，需要给液压制动系统结构增加控制单元，实现更精确化和稳定化的制动效能，使液压制动系统能够实现制动能量回收最大化。

制动能量回收系统在什么情况下不正常工作？

1）汽车在斜坡顶部时，如果蓄电池电压过高，则下坡时使用制动能量回收会对蓄电池造成过充电。过充电对蓄电池不好，影响蓄电池寿命，所以此时不能使用制动能量回收系统，只允许基础的液压制动器工作。

2）蓄电池的 SOC 的运行范围超过 70% 时，为避免蓄电池的过充电，不能使用制动能量回收系统。

学习任务 2　混合动力电动汽车空调系统结构原理

【学习目标】

1. 掌握空调系统结构和工作原理。
2. 掌握典型混合动力电动汽车空调系统技术。
3. 熟悉电动空调压缩机结构和工作原理。

【任务描述】

高先生想驾驶新买的混合动力电动汽车旅行，由于正值夏季天气炎热，行驶过程中需要开空调，高先生担心开空调影响车辆的续驶里程，于是去 4S 店咨询服务顾问空调系统的工作状况。假如你是 4S 店的一名服务顾问，你会如何给高先生讲解空调系统呢？

【知识准备】

空调系统是每辆汽车必备的舒适系统标准配置，由于电动汽车本身动力小于传统燃油汽车，能够提供给空调系统的动力极为有限，需要提高汽车空调系统的效率来减轻汽车的动力负担。混合动力电动汽车采用传统的内燃机和电机共同作为动力源，因此混合动力电动汽车空调系统与传统汽车空调系统还是有很大区别的。

一、空调系统结构和工作原理

扫一扫

冷凝器拆卸

汽车空调系统主要包括制冷系统和暖风系统。空调制冷系统组成和原理都一样，主要包括空调压缩机、冷凝器、冷凝器散热风扇、膨胀阀、蒸发器和鼓风机及相关的空调管路。在封闭的系统内充注着制冷剂，制冷剂在压缩机的作用下循环流动，在发动机舱的制冷剂由气态液化为液态，放出热量；而在车内由液态蒸发为气态，吸收热量，从而降低车内的温度，如图 5-8 所示。

空调系统的暖风系统则由于不同车型动力源不同有所区别。传统燃油汽车空调暖风系统主要是当发动机冷却液温度较高时，冷却液流过暖风系统中的热交换器，将鼓风机送来的空气与发动机冷却液进行热交换，空气加热后被鼓风机通过各出风口送入

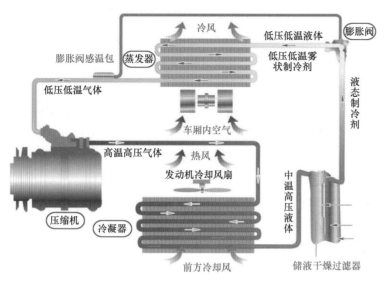

图 5-8　空调制冷系统工作原理

车内。对于纯电动汽车，没有了发动机作为热源，则是通过装有 PTC 加热器的风箱来提供热量，将鼓风机送来的空气加热后吹出送到各风口的。

PTC 加热器的工作原理你知道吗？

　　PTC 是 Positive Temperature Coefficient 的缩写，意思是正的温度系数。通常我们说的 PTC 是指正温度系数热敏电阻，特性是随着温度的升高，电阻逐渐增大。

　　PTC 加热器，如图 5-9 所示，在通电后会自热升温，电阻值进入跃变区，电流迅速下降，于是恒温加热 PTC 热敏电阻表面温度持续保持恒定值。

图 5-9　PTC 加热器

二、混合动力电动汽车空调系统技术

1. 空调制冷系统

　　混合动力电动汽车按结构分有串联式、并联式和混联式三种。不论哪种形式的混合动力电动汽车，它的空调制冷系统工作原理与传统燃油汽车工作原理均相同。由于混合动力电动汽车本身的特点，虽然有发动机和电机两个动力源，但低速行驶时只依靠电机驱动车辆行驶，发动机不工作，因此无论什么工况，在混合动力电动汽车空调制冷系统中，都使用电动压缩机取代传统带轮驱动的空调压缩机，并通过使用车辆上高压回路的电压来带动电动压缩机工作，这样也更有助于优化汽车燃油消耗量。

电动空调压缩机如图 5-10 所示，是在机械压缩机的基础上发展起来的，两者只是驱动的方式不同，制冷原理类似。该封闭系统配备有一个内置的小型电动机，用来独立

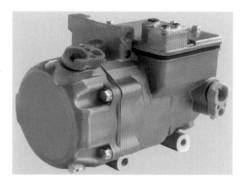

图 5-10　电动空调压缩机

地驱动空调压缩机。在混合动力电动汽车上采用该方案，多数情况是先将发动机的机械能转化为动力蓄电池的电能，再将动力蓄电池的电能转化为机械能，从而驱动压缩机。

课堂练习：混合动力电动汽车上的电动压缩机和机械压缩机有什么区别？

知识拓展

由于电机转速较高，大多数混合动力电动汽车的电动压缩机都采用涡旋型空调压缩机，主要由两个涡旋体（静涡盘和动涡盘）、轴承、机座、十字连接环、偏心轴等组成，如图 5-11 所示为涡旋压缩机的两个涡旋体（静涡盘和动涡盘）。

涡旋压缩机动涡盘由电机通过偏心轴驱动并由静涡盘上的两个开口吸入低温低压气态制冷剂，通过静涡盘和动涡盘的旋转移动使制冷剂压缩、变热。涡旋压缩机工作原理如图 5-12 所示，制冷剂经过三次压缩后，由低温低压气态变成高温高压气态，通过静涡盘中部开口排出。

开口　　动涡盘

静涡盘

图 5-11　静涡盘和动涡盘

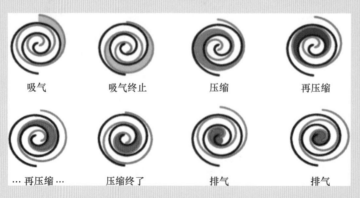

吸气　　吸气终止　　压缩　　再压缩

…再压缩…　　压缩终了　　排气　　排气

图 5-12　涡旋压缩机工作原理

2. 空调暖风系统

　　与传统燃油汽车用发动机的工作热能来产生暖风不同，在混合动力电动汽车低速行驶时，发动机是不工作的，无法提供热源，因此大部分混合动力电动汽车都安装了柴油发动机和纯电动汽车上常见的空气辅助加热元件——PTC 加热器。混合动力电动汽车在低速时只有电机工作，为纯电驱动模式，速度超过 40km/h 后，发动机起动，和电机共同驱动车辆行驶，此时为混合驱动模式。

　　混合动力电动汽车空调暖风系统工作原理如下：

　　（1）纯电驱动模式　与纯电动汽车相同，使用 PTC 加热器对冷却液进行加热，产生暖风；但当 PTC 加热无法满足需求时，空调自动请求开启发动机采暖，直到车内温度达到用户需求时，依靠 PTC 加热器维持冷却液温度满足用户采暖需求。

　　（2）混合驱动模式　在冷却液温度未达到目标冷却液温度之前开启 PTC 加热器与发动机共同工作快速升高冷却液温度；当冷却液温度高于目标冷却液温度时，关闭 PTC 加热器，发动机的工作热能单独提供暖风。

　　随着 PTC 加热器工作时间的增加，动力蓄电池电量消耗加速。因此针对混合动力电动汽车，可以通过以下几点来避免动力蓄电池电量的过损耗：

　　1）在冷车时，使用混合驱动模式，高效利用发动机动力制热，快速提升冷却液温度。

　　2）空调设定在合适的温度，保证在纯电驱动模式下，PTC 加热器单独工作时，尽可能长时间地保持低功率输出。

　　3）合理使用内外循环，使用内循环可以有效降低能耗，同时适当结合外循环，保证车内空气质量。

　　4）如空调滤芯太脏建议更换新滤芯，空调效果会大幅增强。

笔记

学习情景6

比亚迪秦混合动力电动汽车原理与检修

比亚迪秦混合动力电动汽车原理与检修
├─ 比亚迪秦高压系统结构原理
│ ├─ 秦高压系统的组成
│ ├─ 动力蓄电池总成
│ ├─ 维修开关总成
│ ├─ 高压配电箱总成
│ ├─ 漏电传感器总成
│ ├─ 分布式蓄电池管理系统
│ ├─ 驱动电机控制器与DC/DC变换器总成
│ ├─ 充电系统
│ ├─ 高压线束
│ └─ 整车安全保护
└─ 比亚迪秦高压系统检修
   ├─ 高压系统故障指示灯
   ├─ 动力蓄电池系统检修
   ├─ 充电系统检修
   ├─ 驱动电机系统与DC/DC变换器检修
   ├─ 漏电传感器检修
   └─ 高压配电箱检修

【学习目标】

1. 了解比亚迪秦高压系统的组成及安装位置。
2. 掌握比亚迪秦动力蓄电池的结构及工作原理。
3. 掌握比亚迪秦维修开关、高压配电箱、漏电传感器等部件的工作原理。
4. 掌握比亚迪秦驱动电机控制器与 DC/DC 变换器总成的工作原理。
5. 掌握比亚迪秦整车的安全保护措施。

【任务描述】

小张是一名刚进入比亚迪 4S 店的员工，他对于混合动力电动汽车还不熟悉，请你作为维修技师向小张介绍比亚迪秦混合动力系统的结构。

【知识准备】

2013 年上市的比亚迪秦在国内电动汽车中算是老车型了，它曾出现在全球电动汽车销量 Top20 榜单上。不过电动汽车伴随着电池技术日新月异的发展，产品的更新速度也会更快一些，就在 2017 年初，比亚迪秦插电式混合动力车型迎来了一次重要的升级——秦 100 上市。新车型的纯电续驶里程从 2015 款双冠旗舰版的 70km 提升至 100km，别看仅增加了 30km，体现在油耗上是从 1.6L/100km 降低至 1.2L/100km 的明显进步。

2017 款比亚迪秦 100 采用 1.5TI 发动机与电动机的组合，发动机最大功率为 113kW/5200r/min，最大转矩为 240N·m/(1750~3500r/min)，在较低转速时就能发出最大转矩。而电动机的最大功率为 110kW，最大转矩为 200N·m。在油电混合模式下，秦 100 的动力系统能够输出 479N·m 的最大转矩。匹配 6 速自动变速器，采用电子变速杆，提供纯电驱动、混合驱动两种行驶工况和 ECO、SPORT 两种驾驶模式选择。

一、秦高压系统的组成

比亚迪秦混合动力电动汽车高压系统包括电机及电机控制系统、动力蓄电池、高压配电箱、空调系统、PTC 加热器等部分。

1. 整车高压电气设备在车上的布置

2015 款比亚迪秦混合动力车型整车高压电气设备在车上的布置如图 6-1 所示。

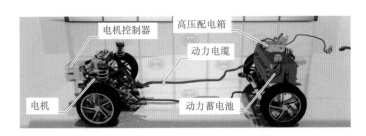

图 6-1　整车高压电气设备分布示意图

2. 行李箱内部高压电气设备

在行李箱内部布置的高压电气设备有高压配电箱、蓄电池管理控制器、动力蓄电池包、车载充电机。各高压电气设备布置如图 6-2 所示。

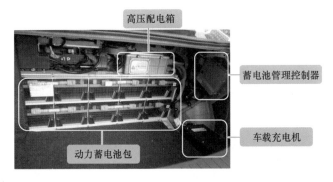

图 6-2　行李箱内部高压电气设备的布置

3. 驾驶室内部高压电气设备

在驾驶室内部布置的高压电气设备有维修开关、驱动电机控制器直流母线及空调高压线。图 6-3 所示为驾驶室内部高压电气设备的布置。

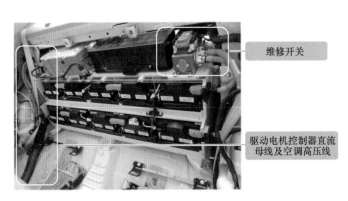

图 6-3　驾驶室内部高压电气设备的布置

笔 记

4. 发动机舱高压电气设备的布置

在发动机舱布置的高压电气设备有驱动电机、驱动电机控制器与 DC/DC 变换器总成、空调配电盒、电动压缩机、PTC 加热器。发动机舱高压电气设备的布置如图 6-4 所示。

图 6-4　发动机舱高压电气设备的布置

二、动力蓄电池总成

1. 动力蓄电池包

动力蓄电池包安装在后排座椅与行李箱之间。动力蓄电池包外观如图 6-5 所示，动力蓄电池包内的蓄电池组如图 6-6 所示，动力蓄电池包由以下部件组成：

笔记

图 6-5　动力蓄电池包外观　　图 6-6　动力蓄电池包内的蓄电池组

1）蓄电池组（分 10 组共 152 个单体蓄电池）；

2）动力蓄电池串联线；

3）动力蓄电池采样线；

4）蓄电池信息采集器；

5）接触器、熔断器；

6）动力蓄电池包密封罩。

动力蓄电池的参数：

1）每个单体蓄电池电压 3.3V；

2）蓄电池包标称电压 501.6V；

3）标称容量 26A·h。

蓄电池组采用串联连接，串联的形式如图 6-7 所示。

2. 动力蓄电池包线束

动力蓄电池包线束包括高压线束和采样线束，高压线束分为正极线、负极线、串联线等类型。各种高压线束的外观如图6-8所示。

上层
6
7
8
9
10
+
下层
5
4
3
2
1
−
车尾

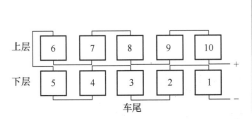

图6-7　蓄电池组采用串联连接示意图

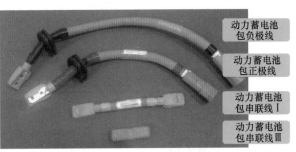

动力蓄电池包负极线
动力蓄电池包正极线
动力蓄电池包串联线Ⅰ
动力蓄电池包串联线Ⅲ

图6-8　动力蓄电池包高压线束外观

笔记

动力蓄电池包采样线束外观如图6-9所示，采样线束插接器如图6-10所示。

动力蓄电池包采样线总线束

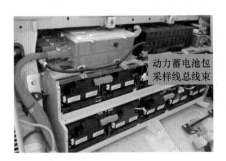

图6-9　采样线束

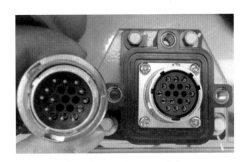

图6-10　采样线束插接器

3. 动力蓄电池上电流程

动力蓄电池上电是指动力蓄电池内部继电器结合，向外部高压用电器供电的过程。动力蓄电池上电流程如图6-11所示。

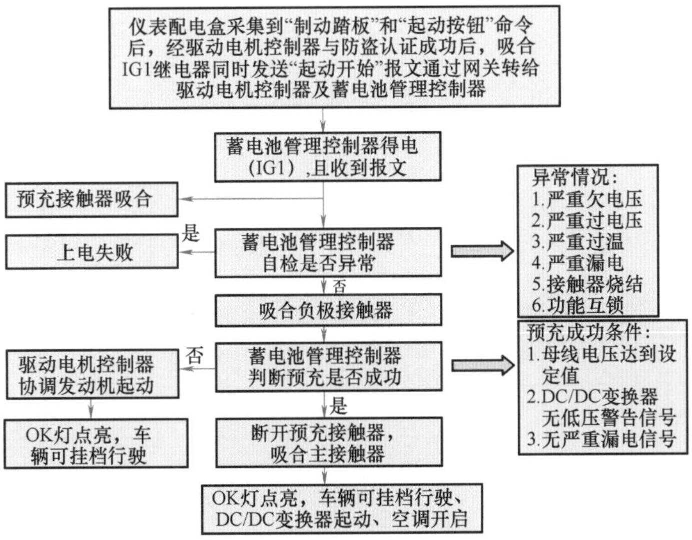

仪表配电盒采集到“制动踏板”和“起动按钮”命令后，经驱动电机控制器与防盗认证成功后，吸合IG1继电器同时发送“起动开始”报文通过网关转给驱动电机控制器及蓄电池管理控制器
蓄电池管理控制器得电(IG1)，且收到报文
预充接触器吸合
是
上电失败
蓄电池管理控制器自检是否异常
否
异常情况：
1.严重欠电压
2.严重过电压
3.严重过温
4.严重漏电
5.接触器烧结
6.功能互锁
吸合负极接触器
否
驱动电机控制器协调发动机起动
蓄电池管理控制器判断预充是否成功
预充成功条件：
1.母线电压达到设定值
2.DC/DC变换器无低压警告信号
3.无严重漏电信号
是
OK灯点亮，车辆可挂档行驶
断开预充接触器，吸合主接触器
OK灯点亮，车辆可挂档行驶、DC/DC变换器起动、空调开启

图6-11　动力蓄电池上电流程

三、维修开关总成

1. 维修开关

维修开关安装在动力蓄电池包的左上角，连接了动力蓄电池的一个正极和一个负极。维修开关的功用是在车辆维修时直接断开高压回路，从而保证操作人员的安全。维修开关实物及开关插座如图 6-12 和图 6-13 所示。

图 6-12　维修开关

图 6-13　维修开关插座

维修开关在电路中的连接如图 6-14 所示。

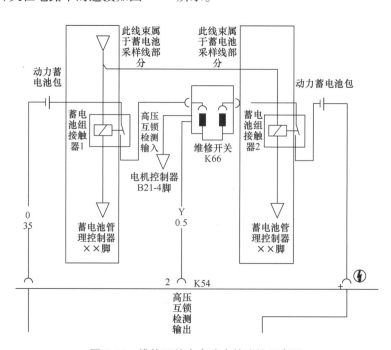

图 6-14　维修开关在电路中的连接示意图

维修开关正常状态时，把手处于水平位置；需要拔出时，应先将把手旋转至竖直状态，再向上拔出；需要插上时，应先沿竖直方向用力向下插入，再将把手旋转至水平状态。

2. 高压互锁检测开关

高压互锁检测开关安装在维修开关底座上，开关工作状态如图 6-15 所示。

图 6-15　高压互锁检测开关工作状态示意图

a）开关断开状态　b）开关闭合状态

四、高压配电箱总成

高压配电箱位于行李箱动力蓄电池包支架右上方，其功用是将动力蓄电池包的高压直流电分配给整车高压电气设备使用，也将车载充电机的高压直流电分配给动力蓄电池包。其上游是动力蓄电池包，下游包括驱动电机控制器及 DC/DC 变换器、PTC 加热器、电动压缩机、漏电传感器。高压配电箱外观及插接器连接如图 6-16 所示。

笔记

图 6-16　高压配电箱外观及插接器连接

高压配电箱外部有高压端子、低压线束、漏电传感器检测线、空调配电盒、车载充电机等线束及接口。高压配电箱在高压系统中配电作用示意如图 6-17 所示。

图 6-17　高压配电箱在高压系统配电示意图

高压配电箱外部高压端子连接说明如图 6-18 所示。

输出至空调
配电盒

车载充电机
输入

动力蓄电池包
输入正

动力蓄电池包
输入负

驱动电机控制
器与DC/DC
变换器负

驱动电机控制
器与DC/DC
变换器正

图 6-18　高压配电箱线束连接说明

高压配电箱内部有接触器、熔断器、霍尔电流传感器，布置如图 6-19 所示。

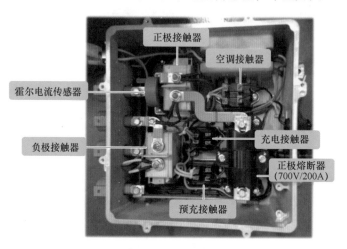

正极接触器

空调接触器

霍尔电流传感器

充电接触器

负极接触器

正极熔断器
（700V/200A）

预充接触器

图 6-19　高压配电箱内部元件布置图

高压配电箱低压控制插接器有 22Pin，端子说明见表 6-1。

表 6-1　高压配电箱低压控制 22Pin 插接器端子说明

高压配电箱低压 22Pin 插接器（K54）端子定义	
号　　码	定　　义
1	预充接触器电源
3	正极接触器电源
4	交流充电接触器电源
5	负极接触器电源
7	空调接触器电源
9	电流霍尔信号
10	负极接触器控制
13	预充接触器控制
14	正极接触器控制
17	空调接触器搭铁
19	霍尔电流传感器 + 15V
20	交流充电接触器控制
21	霍尔电流传感器 – 15V
其余	空脚

五、漏电传感器总成

漏电传感器安装在车身后围搁物板前加强横梁上，如图 6-20 所示。功用是通过对电动汽车直流动力电源母线与其外壳、车身底盘之间的绝缘阻抗检测，来判断动力蓄电池包的漏电程度。当动力蓄电池包漏电时，传感器发出一个信号给蓄电池管理控制器，蓄电池管理控制器接到漏电信号后，进行相关保护操作并报警，防止动力蓄电池包的高压电外泄，造成人或者是物品的伤害和损失。

笔记

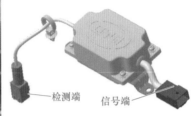
检测端   信号端

图 6-20 漏电传感器安装位置和外观

漏电传感器主要监测与动力蓄电池输出相连接的负极母线与车身底盘之间的绝缘电阻。负极与车身绝缘阻值在 $100 \sim 120 \mathrm{k\Omega}$ 之间为一般漏电，绝缘阻值小于 $20 \mathrm{k\Omega}$ 为严重漏电。

六、分布式蓄电池管理系统

分布式蓄电池管理系统简称 DBMS，由 1 个蓄电池管理控制器和 10 个蓄电池信息采集器组成。蓄电池管理控制器位于行李箱内车身右 C 柱内板后段，10 个蓄电池信息采集器分别位于 10 个蓄电池组的前端。蓄电池信息采集器的主要功能是电压采样、温度采样、蓄电池均衡、采样线异常检测等；蓄电池管理控制器的主要功能是总电压监测、总电流监测、SOC 计算、充放电管理、接触器控制、功率控制、蓄电池异常状态报警和保护、漏电报警、碰撞保护、自检以及通信功能等。图 6-21 为蓄电池管理控制器外观及插接器，图 6-22 为蓄电池信息采集器。

笔记

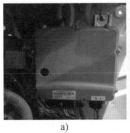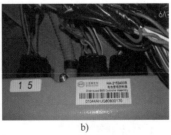
a)   b)

图 6-21 蓄电池管理控制器外观及插接器

a）蓄电池管理控制器外观 b）蓄电池管理控制器插接器

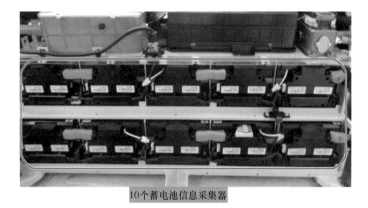

10个蓄电池信息采集器

图 6-22　蓄电池信息采集器安装位置

当蓄电池出现故障或异常时，蓄电池管理控制器会判断蓄电池异常状态并报警，同时实施相应的保护措施。蓄电池故障状态与报警见表 6-2。

表 6-2　蓄电池故障状态与报警表

故 障 状 态	蓄电池管理系统故障诊断状况
蓄电池电芯组温度 >65℃	1 级故障：一般高温告警
单体蓄电池电压 >3.85V	1 级故障：一般高压告警
单体蓄电池电压 <2.6V	1 级故障：一般低压告警
绝缘电阻 <设定值	1 级故障：一般漏电告警
蓄电池电芯组温度 >70℃	2 级故障：严重高温告警
单体蓄电池电压 >4.1V	2 级故障：严重高压告警
单体蓄电池电压 <2.0V	2 级故障：严重低压告警
绝缘电阻 <设定值	2 级故障：严重漏电告警

七、驱动电机控制器与 DC/DC 变换器总成

1. 驱动电机控制器与 DC/DC 变换器总成及附件介绍

驱动电机控制器与 DC/DC 变换器总成安装在发动机舱左侧，安装位置如图 6-23 所示。

高压直流输入

驱动电机控制器与
DC/DC变换器总成

三相交流输出

图 6-23　驱动电机控制器与 DC/DC 变换器总成安装位置

驱动电机控制器与 DC/DC 变换器的参数见表 6-3。

表 6-3　驱动电机控制器与 DC/DC 变换器参数

类　别	项　目	参　数
驱动电机控制器	工作电压等级	480V
	最大功率	110kW
	额定功率效率	≥95%
DC/DC 变换器	高压侧	300～550V
	低压电压等级	12V
	输出电流	120A
	效率	≥90%
重量		16kg

高压直流插接器如图 6-24 所示。

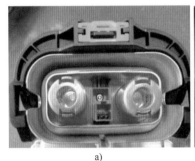

a)　　　　　　　　　　b)

图 6-24　高压直流插接器

a）高压直流插接器　b）高压直流插接器的安装位置

驱动电机控制器和 DC/DC 变换器总成上的三相交流插接器及冷却系统进出水管安装位置如图 6-25 所示。

图 6-25　三相交流插接器及冷却系统进出水管安装位置

驱动电机控制器和 DC/DC 变换器总成上的 64Pin 插接器和 DC/DC 变换器正极输出及负极搭铁安装位置如图 6-26 所示。

驱动电机控制器和 DC/DC 变换器总成上的开盖开关安装位置如图 6-27 所示。

笔记

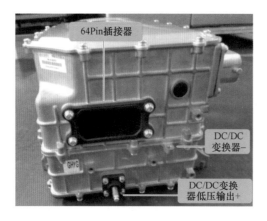

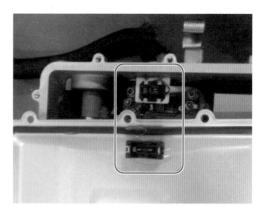

图 6-26   64Pin 插接器和 DC/DC 变换器
正极输出及负极搭铁安装位置

图 6-27   开盖开关安装位置

2. 驱动电机控制器功用

驱动电机控制器作为动力系统的总控中心，驱动电机的运行，根据工况控制电机的正反转、功率、转矩、转速等；协调发动机管理系统工作；驱动电机控制器硬件采集电机的旋变、温度，制动、加速踏板开关信号；通过 CAN 通信采集制动深度、档位信号、驻车开关信号、起动命令、蓄电池管理控制器相关数据、控制器的故障信息；内部处理的信号有直流侧母线电压、交流侧三相电流、IGBT 温度、电机的三相绕组阻值。驱动电机控制器连接示意如图 6-28 所示。

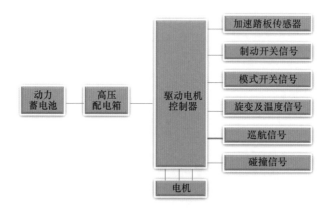

图 6-28   驱动电机控制器连接示意图

3. DC/DC 变换器功能介绍

纯电模式下，DC/DC 变换器替代了传统燃油汽车挂接在发动机上的 12V 发电机，和辅助蓄电池并联给各用电器提供低压电源。DC/DC 变换器在高压（500V）输入端接触器吸合后便开始工作，输出电压为 13.5V。发动机起动后发电机发出 13.5V 直流电，经过 DC/DC 变换器升压转换为 500V 直流电给动力蓄电池充电。DC/DC 变换器连接示意如图 6-29 所示。

图 6-29　DC/DC 变换器连接示意图

八、充电系统

充电系统主要是将家用电源或交流充电桩接入交流充电口，通过车载充电机将 220V 交流电转为直流高压电给动力蓄电池进行充电。交流充电连接装置及交流充电口总成安装位置如图 6-30 所示。

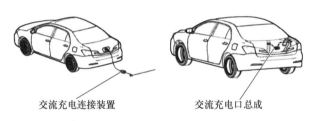

交流充电连接装置　　　　　交流充电口总成

图 6-30　交流充电连接装置及交流充电口总成安装位置

1. 交流充电连接装置

交流充电连接装置连接供电端为三芯插头。当充电连接装置正确连接后，控制盒点亮"READY"指示灯，同时"CHARGE"指示灯闪烁。充电连接装置指示灯如图 6-31 所示。

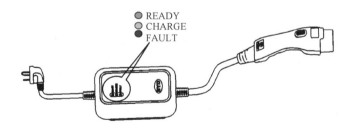

图 6-31　充电连接装置指示灯

2. 交流充电口总成

交流充电口又称慢充口，位于行李箱门上，用于将外部交流充电设备的交流电源连接到车辆充电回路上。车辆外部通过充电连接装置连接交流充电设备，车辆内部通过高压线束连接车载充电机。图 6-32 为比亚迪秦交流充电口。

交流充电口各端子名称如图 6-33 所示。在国标中 CC 为充电连接确认线，CP 为控制引导线，N 为中性线，PE 为设备接地，L 为交流电源，NC1、NC2 为空脚。

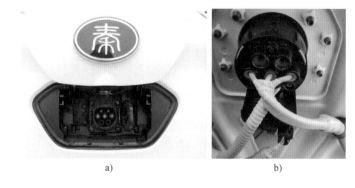

图 6-32　比亚迪秦交流充电口

a）充电口正面　b）充电口背面线束

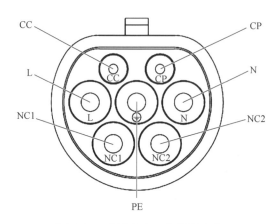

图 6-33　交流充电口各端子名称

3. 车载充电机

车载充电机安装在行李箱右部，功用是将交流充电口传递过来的交流电转换为直流高压电为动力蓄电池充电。图 6-34 为车载充电机的外观及接线。

图 6-34　车载充电机的外观及接线

比亚迪秦某款车型车载充电机低压控制线束插接器如图 6-35 所示。低压控制线束插接器端子说明见表 6-4。

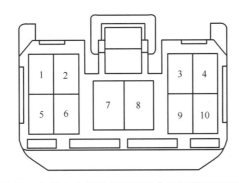

图 6-35　车载充电机低压控制线束插接器端子示意图

表 6-4　低压控制线束插接器端子说明

车载充电机低压 10Pin 插接器（K55）端子定义	
号　码	定　义
3	CAN-L
4	充电指示灯信号
7	接地
8	持续 10A 电流
9	CAN-H
10	充电感应信号
其余	空脚

4. 充电原理

充电信息在车载充电机、蓄电池管理控制器和仪表之间传递。充电具体信息包括充电是否允许信息，车载充电机状态，充电电量、电流、时间、充电故障信息。图 6-36 所示为充电原理示意图。

充电流程如图 6-37 所示。整个充电过程归纳为六个阶段：物理连接完成、低压辅

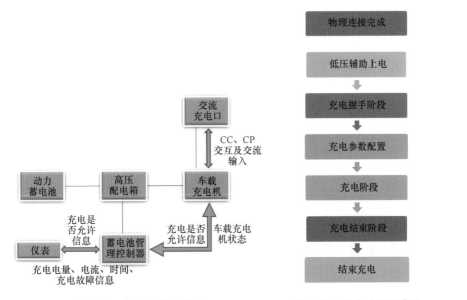

图 6-36　充电原理示意图　　　　图 6-37　充电流程示意图

助上电、充电握手阶段、充电参数配置阶段、充电阶段和充电结束阶段。在各个阶段，充电机和 BMS 如果在规定的时间内没有收到对方报文或没有收到正确报文，即判定为超时。当出现超时后，BMS 或充电机发送错误报文，并进入错误处理状态。在对故障处理的过程中，根据故障的类别，分别进行不同的处理。在充电结束阶段中，如果出现了故障，直接结束充电流程。

5. 充电方式

比亚迪秦充电方式分为预约充电和即时充电两种。预约充电是指按照客户设置的充电时间对车辆定时充电，图 6-38 所示为预约充电仪表盘显示界面。即时充电（一般直接充电）使用家用单相交流电进行充电。

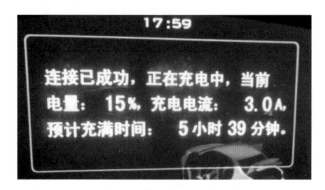

图 6-38　预约充电仪表盘显示界面

九、高压线束

高压线束是连接动力蓄电池与每个高压负载的能够承受高压的导线，由高压线束将动力蓄电池的电输送到每个高压负载，保障负载电力输送的稳定性。整车高压线束包括：

1）蓄电池包正、负极连接线；
2）蓄电池包串联线Ⅰ、Ⅱ；
3）驱动电机控制器直流母线；
4）空调高压线；
5）PTC 线束；
6）车载充电机线束；
7）其他零部件自带的高压橙色线束。

十、整车安全保护

比亚迪秦针对高压安全等方面所做的防护主要有电源极性反接保护、被动泄放、主动泄放、高压互锁、开盖检测、碰撞保护等。

1. 电源极性反接保护

当因不当操作或其他原因导致秦的高压部件的供电电压极性反转时，驱动电机控制器、DC/DC 变换器、BMS 均可保护自己不被烧坏。当此极性反转的电压去除掉后，这些高压部件均可正常工作。

2. 碰撞保护

当车辆发生碰撞时，BMS 检测到碰撞信号大于一定阈值时，会切断高压系统主回路的电气连接，同时通知驱动电机控制器激活主动泄放，从而可使发生碰撞时的短路危险、人员电击危险降到最低。

3. 主动泄放

驱动电机控制器中含有主动泄放回路，当检测到车辆发生较大碰撞或高压回路中某处插接器存在拔开状态或含有高压的高压部件存在开盖情况，可在 5s 内将高压回路直流母线电压泄放到 60V 以下，迅速释放危险电能，最大限度保证人员安全。

4. 被动泄放

在含有主动泄放回路的同时，驱动电机控制器、空调驱动控制器等内部含有高压的高压电控部件同时设计有被动泄放回路，可在 2min 内将高压回路直流母线电压泄放到 60V 以下，被动泄放作为主动泄放失效的二重保护。

5. 高压互锁

比亚迪秦的高压互锁包括结构互锁和功能互锁。结构互锁是指高压插接器均带有互锁回路，当其中某个插接器被带电断开时，BMS 便会检测到高压互锁回路存在断路，为保护人员安全，将立即进行报警并断开主高压回路电气连接，同时激活主动泄放。功能互锁是指当车辆在进行充电或插上充电枪时，秦的高压电控系统会限制整车不能通过自身驱动系统驱动，以防止可能发生的线束拖拽或安全事故。高压互锁连接如图6-39 所示。

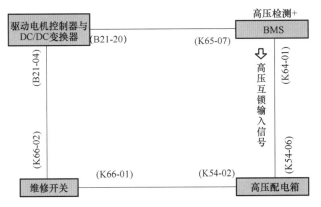

图 6-39　高压互锁连接示意图

6. 开盖检测

比亚迪秦的重要高压电控部件具有开盖检测功能，当发现这些部件的盖子在整车高压回路连通的情况下打开时，会立即进行报警，同时断开高压主回路电气连接，激活主动泄放。

笔记

学习任务 2 比亚迪秦高压系统检修

【学习目标】

1. 掌握比亚迪秦高压系统故障指示灯含义。
2. 掌握比亚迪秦动力蓄电池系统的检修。
3. 掌握比亚迪秦驱动电机系统的检修。
4. 掌握比亚迪秦高压配电箱的检修。

【任务描述】

一辆比亚迪秦混合动力电动汽车在行驶中突然显示"请检查动力系统"字样，此时动力系统不能切换到纯电动模式，并且制动时也不能回收能量。请你作为维修技师为客户排除车辆的故障。

【知识准备】

一、高压系统故障指示灯

当高压系统出现某些故障时，仪表盘上的高压系统故障指示灯会点亮。高压系统故障指示灯包括动力系统故障灯、动力蓄电池过热警告灯、动力蓄电池故障警告灯、电机冷却液温度过高警告灯、电机过热警告灯等。

1. 动力系统故障灯

CAN 通信采集到 BMS、驱动电机控制器、P 档电机控制器的故障信号时，仪表CPU 驱动故障灯点亮。当出现下列情况时，故障灯点亮：

1）采集到 BMS 的高压漏电状态信号时，故障灯点亮。

2）电源开关置于 ON 档，仪表采集到碰撞报警时，故障灯点亮。

3）电源开关置于 ON 档，采集到驱动电机控制器和 P 档电机控制器的故障信号时，故障灯点亮。

笔记

4）电源开关置于 ON 档，仪表连续 5s 未接收到 BMS 信号时，故障灯点亮。

5）电源开关置于 ON 档，仪表连续 5s 未接收到驱动电机控制器或 P 档电机控制器信号时，故障灯点亮。

表 6-5 为动力系统故障灯点亮情况说明。

表 6-5　动力系统故障灯点亮情况说明

信 号 来 源	故 障 类 型	电 源 档 位	故 障 现 象
BMS	1. 一般漏电报警 2. 严重漏电报警	所有档位	点亮故障灯
	碰撞信号报警	ON 档	点亮故障灯
	放电主接触器烧结故障	OFF 档	点亮故障灯
	负极接触器烧结故障	ON 档	点亮故障灯
驱动电机控制器	动力系统故障	ON 档	点亮故障灯
P 档电机控制器	P 档系统故障	ON 档	点亮故障灯

2. 动力蓄电池过热警告灯

BMS 通过 CAN 通信发送蓄电池组温度超高报警信号给组合仪表，仪表 CPU 驱动此警告灯点亮。报警判断条件如下：

1）动力蓄电池温度≥65℃或与 BMS 失去通信时，此警告灯点亮。

2）动力蓄电池温度<65℃时，警告灯熄灭。

3. 动力蓄电池故障警告灯

当接收到 BMS 故障信号或 ON 档与 BMS 失去通信时，动力蓄电池故障警告灯点亮。表 6-6 为动力蓄电池故障警告灯点亮说明。

表 6-6　动力蓄电池故障警告灯点亮说明

信 号 来 源	故 障 类 型	电 源 档 位	故 障 现 象
BMS	蓄电池组充电报警 蓄电池组放电报警 蓄电池组温度报警 过电流报警 电压过低报警 电压过高报警	所有档位	点亮警告灯

4. 电机冷却液温度过高警告灯

CAN 通信传输电机控制器的冷却液温度过高报警信号。电机冷却液温度过高警告灯工作分为常亮和闪烁两种方式，常亮优先级更高。电机冷却液温度过高警告灯点亮说明见表 6-7。

表 6-7   电机冷却液温度过高警告灯点亮说明

信 号 来 源	故 障 类 型	电 源 档 位	故 障 现 象
驱动电机控制器	电机冷却温度由低往高变化，当采集到的温度≥75℃时	ON 档	点亮警告灯
	电机冷却温度由高往低变化，当采集到的温度≤72℃时	ON 档	熄灭警告灯

5. 电机过热警告灯

CAN 通信传输，电机控制器发送电机过热报警信号给组合仪表。对电机过热警告灯的说明见表 6-8。

表 6-8   电机过热警告灯点亮说明

信 号 来 源	故 障 类 型	电 源 档 位	故 障 现 象
驱动电机控制器	电机过热报警	ON 档	点亮警告灯
	散热器过热报警	ON 档	点亮警告灯

注：电机过热的信号由电机温度传感器提供，散热器过热的信号由驱动电机控制器内部提供。

二、动力蓄电池系统检修

动力蓄电池系统是比亚迪秦 100 混合动力电动汽车主要动力源之一，它为整车驱动和其他用电器提供电能。以秦 100 某款车型为例，动力蓄电池系统由 10 个蓄电池组、10 个蓄电池信息采集器、动力蓄电池串联线、动力蓄电池托架、动力蓄电池包密封罩、动力蓄电池采样线等组成。10 个蓄电池组中各有 12 至 18 个数量不等的单体蓄电池，总共 152 个串联而成，每个单体蓄电池电压 3.3V，蓄电池包标称电压 501.6V，标称容量 26A·h。

若确定单体蓄电池有问题需要维修，请在厂家的指导下更换单体蓄电池，因为不同单体蓄电池的特性不一致，单体蓄电池性能不一致装配在一起会影响动力蓄电池的寿命和使用，按以下步骤拆卸更换。

1. 动力蓄电池更换

（1）更换动力蓄电池的注意事项

1）操作之前务必佩戴绝缘手套。

2）拆卸/安装蓄电池组连接线的工作只能由 1 人完成，坚决杜绝 2 人同时操作，特别是蓄电池包前后连接线同时操作的情况发生。

3）一定要将前部/后部连接线全部连接完毕后，再进行另外一侧连接线的安装。

4）拆卸/安装蓄电池组紧固件时，先将前部/后部蓄电池组安装螺栓全部安装完毕后，再进行另一侧所有螺栓的安装。

5）拆卸/安装动力蓄电池之前，电池托架上部的辅助蓄电池及其连接线先不安装。

6）连接维修开关前要使维修开关处于断开状态。

（2）动力蓄电池更换流程

1）将电源开关置于 OFF 档，拆下后排座椅，断开维修开关，等待 5min。

2）拆掉行李箱内饰护板和动力蓄电池包密封罩的前后封板。

3）用万用表检测蓄电池是否漏电。检测方法为：将万用表正极分别搭在蓄电池正负极端子，负极搭车身地，正常值为 10V 以下。若过大请不要拆卸，检测漏电原因和位置，排除问题后再进行以下操作。

4）佩戴绝缘手套，用套筒依次拆卸掉动力蓄电池串联线、维修开关线束、动力蓄电池包正负极线束固定螺栓，同时取下这些连接线束。

5）用一字螺钉旋具撬开动力蓄电池采样线固定卡扣，拔掉所有动力蓄电池采样线与蓄电池信息采集器连接的插接器。

6）用套筒拆卸掉每个蓄电池组四个角的固定螺栓。

7）从行李箱处取出蓄电池组，更换新的蓄电池组。

8）分别检测蓄电池组漏电情况，检测方法和拆卸检测一致。

9）用套筒安装好每个蓄电池组 4 个角的固定螺栓。

10）依次安装上动力蓄电池串联线、维修开关线束、动力蓄电池包正负极线束，同时用套筒拧紧固定螺栓。

11）将动力蓄电池采样线上的插接器与蓄电池信息采集器一一对应并插入，听见"咔"的响声即可，卡上动力蓄电池采样线卡扣。

12）插上维修开关把手，上电检查动力蓄电池问题是否已解决，若无问题，则进行以下操作。

13）安装好动力蓄电池包密封罩的前后封板、行李箱内饰护板和后排座椅，结束操作。

2. 蓄电池管理控制器更换流程

比亚迪秦某款混合动力车型蓄电池管理控制器更换流程如下：

1）将电源开关置于 OFF 档，拆下后排座椅，断开维修开关，等待 5min。

2）拆掉行李箱内饰护板。

3）拔掉蓄电池管理控制器上连接的动力蓄电池采样线和整车低压线束的插接器，拔掉整车低压线束。

4）用 10 号套筒拆卸掉蓄电池管理控制器的 3 个固定螺母。

5）更换蓄电池管理控制器，插上动力蓄电池采样线和整车低压线束的插接器，插上维修开关把手，确认问题是否已解决，若无问题，则进行以下操作。

6）断开维修开关，用 10 号套筒拧紧蓄电池管理控制器的 3 个固定螺母。

7）插上维修开关把手，安装好行李箱内饰护板和后排座椅，结束操作。

笔 记

三、充电系统检修

车载充电系统主要组成部分：交流充电口、车载充电机、BMS、高压配电箱和动力蓄电池。

1. 充电系统常见故障

充电系统常见故障有系统不能充电，充电中途停止充电等，充电中途停止充电故障原因及解决方法见表6-9。

表6-9　充电中途停止充电故障原因及解决方法

故障状态	可能原因	解决方法
充电中途停止充电	电源断电	电源恢复后，会自动重新开始充电
	充电电缆没有连接完好	确认充电连接装置电缆没有虚接
	充电连接装置开关被按下	充电连接装置开关被按下则停止充电，需重新连接充电连接装置
	动力蓄电池温度过高	仪表动力蓄电池过热警告灯亮，充电会自动停止，待蓄电池冷却后再充电
	车辆或车载充电机发生故障	确认仪表提示，读取相关故障码

2. 充电系统检查步骤

充电系统检查步骤为：

（1）车上检查　检查维修开关是否松动或未安装。维修开关若不正常则重新安装或更换维修开关。

（2）检查交流充电连接装置　插上交流充电连接装置，检查线缆上控制盒的READY灯是否常亮，CHARGE灯是否闪烁，若不闪烁更换交流充电连接装置。

（3）检查仪表充电指示灯是否点亮　观察仪表充电指示灯是否点亮。用万用表测量车载充电机低压插接器电压（充电指示灯），即端子K55-4与车身地电压，正常值小于1V，若不在正常范围内，则重新配合充电连接装置或更换车载充电机。

（4）检查车载充电机感应信号　将交流充电连接装置连接充电桩或家用电源，判断车载充电机风扇是否工作。用万用表测量车载充电机低压插接器电压（充电感应信号），即端子K55-10与车身地电压，正常值小于1V，若不在正常范围内，则更换车载充电机。

（5）检查低压电源是否输入　不连接交流充电连接装置，用万用表测量车载充电机低压插接器电压（辅助蓄电池正负）。根据表6-10检测，若不在正常范围内，则更换车载充电机。

表6-10　低压电源输入电压检测表

端子	线色	正常值
K55-8—车身地	R	11~14V
K55-7—车身地	B	小于1V

（6）检查交流充电及 OFF 档充电继电器　不连接交流充电连接装置，取下充电继电器，给控制端加电压，检查继电器是否吸合。根据图 6-40 继电器端子图按表 6-11 进行检查，若不在正常范围内，则更换继电器。

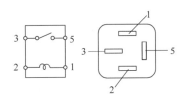

图 6-40　继电器端子图

表 6-11　交流充电及 OFF 档充电继电器检查

端　　子	正　常　值
1——蓄电池正极	3 与 5 导通
2——蓄电池负极	

（7）检查高压配电箱车载充电熔断器　不连接交流充电连接装置，拆开高压配电箱侧边小盖，测量下方车载熔断器（30A）是否导通，如图 6-41 所示。如果导通则高压配电箱熔断器正常；若不导通，则更换车载充电熔断器。

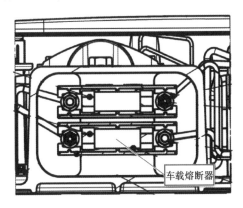

车载熔断器

图 6-41　高压配电箱车载充电熔断器位置

（8）检查高压配电箱车载充电接触器 K54-4 端子电压　将交流充电连接装置连接充电桩或家用电源，测量插接器对应端子低压是否为 12V 以上。若电压在 12V 以上，则高压配电箱接触器供电正常。若不在正常范围内，则检查接触器供电低压线束。

（9）检查高压配电箱车载充电接触器 K54-20 端子电压　将交流充电连接装置连接充电桩或家用电源，测量插接器对应端子低压是否为 1V 以下。若电压在 1V 以下，则高压配电箱接触器控制脚正常。若不在正常范围内，检查接触器供电低压线束。

（10）检查高压配电箱负极接触器 K54-5 端子电压　将交流充电连接装置连接充电桩或家用电源，测量插接器对应端子低压是否为 12V 以上。若电压在 12V 以上，高压配电箱接触器供电正常。若不在正常范围内，检查接触器供电低压线束。

（11）检查高压配电箱负极接触器 K54-10 端子电压　将交流充电连接装置连接充电桩或家用电源，测量插接器对应端子低压是否为 1V 以下。若电压在 1V 以下，高压配电箱接触器控制脚正常。若不在正常范围内，检查接触器控制低压线束或蓄电池管

笔记

理控制器。

（12）检查交流充电口总成 拔出交流充电口插接器，分别测量充电口和插接器两端各对应端子是否导通。若导通，交流充电口总成正常。若不正常，更换交流充电口总成。

（13）检查蓄电池管理控制器充电请求信号输入 将交流充电口连接充电桩或家用电源，断开蓄电池管理控制器 26Pin 插接器，测量线束端电压（充电请求信号）。端子 K65-18 与车身地电压正常值应为 1V 以下。若不在正常范围内，应更换线束或检查蓄电池管理控制器。

（14）检查 CAN 通信 将交流充电口连接充电桩或家用电源，用万用表按表 6-12 测量车载充电机 CAN 通信端子电压。若不在正常范围内，则更换 CAN 线束。

表 6-12　CAN 通信端子检查表

端　子	线　色	正常值
K55-3—车身地	V	1.5～2.5V
K55-9—车身地	P	2.5～3.5V

（15）检查车载充电机充电输出电压 将交流充电口连接充电桩或家用电源，用万用表测量车载充电机输出端电压。高压正与高压负端子间的电压正常值为 228～577V。若不在正常范围内，更换车载充电机。

（16）检查高压配电箱输出电压 将蓄电池包正负极拔出，用万用表测量蓄电池包正负极端电压。高压正与高压负端子间的电压正常值为 228～577V。若不在正常范围内，则更换高压配电箱。

（17）检查整车回路 检查车载充电机、高压配电箱、蓄电池管理控制器的插接器是否松动、破损或未安装。若有问题则重新安装或更换部件。

3. 车载充电机总成拆卸与安装

车载充电机由盒盖、盒体、支架、散热器等组成。拆卸维修前需：

1）电源开关置于 OFF 档。

2）辅助蓄电池断电。

3）拔掉维修开关。

4）拆卸行李箱右后内饰板。

（1）车载充电机拆卸

1）断开外部插接器，包括高压输出插接器（接高压配电箱的电缆），低压插接器（包含 CAN 线束），交流输入插接器（220V 电源线）。

2）用扳手将车载充电机交流输入搭铁线处的螺母松开，并将车载充电机 3 个支架上的六角头螺栓拧下（如图 6-42 画圈处）。

3）将车载充电机轻轻取出。

（2）车载充电机安装

1）戴上手套，把车载充电机放置在行李箱安装支架上，使车载充电机支架上的孔和车身上支架的孔对正；将 3 个六角头螺栓穿过孔，并用扳手将其拧紧，拧紧力矩要

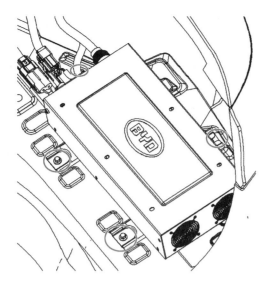

图 6-42 车载充电机拆卸

求约为 8N·m。

2）将交流输入插接器和搭铁线固定好。插接器对准防错角度插入再顺时针拧紧锁死，搭铁线用螺母固定，拧紧力矩要求约为 6N·m；校核无误后打上油漆印记。

3）将低压插接器和高压输出插接器对接固定好。

注意：操作员操作时应戴好手套，以免碰伤。安装前确保车载充电机外观清洁，表面油漆不应有划痕。

四、驱动电机系统与 DC/DC 变换器检修

1. DC/DC 变换器的检修

DC/DC 变换器具有降压和升压功能。降压功能是指将动力蓄电池的高压电转换成 12V 低压电。DC/DC 变换器在主接触器吸合时工作，输出的 12V 低压电供给整车低压用电器工作，并且在辅助蓄电池亏电时给其充电。升压功能是指当动力蓄电池电量不足时，DC/DC 变换器将发电机发出的电，供整车低压用电器用电后多余的电升压后给动力蓄电池充电及空调用电。

素质养成：培养自身牢固的安全意识。对于高压部件，要做到持证上岗，严格按照企业高压安全操作的要求进行操作。

（1）DC/DC 变换器故障码列表　当 DC/DC 变换器出现故障时，系统会存储 DC/DC 变换器故障码，表 6-13 为比亚迪秦某款车型 DC/DC 变换器故障码列表（部分）。

表 6-13　DC/DC 变换器故障码列表

编号	故障码	描述	备注
1	P1EC000	降压时高压侧电压过高	保护值 600V
2	P1EC100	降压时高压侧电压过低	保护值 300V
3	P1EC200	降压时低压侧电压过高	保护值 16V
4	P1EC300	降压时低压侧电压过低	保护值 9V

（续）

编号	故障码	描　述	备　注
5	P1EC400	降压时低压侧电流过高	保护值160A
6	P1EE000	散热器过温	温度高于85℃
7	P1EC700	降压时硬件故障	低压输出电压小于13.4V，低压输出电流小于20A

（2）故障码P1EC000降压时高压侧电压过高的诊断排除

1）检查动力蓄电池电压。插上维修开关，电源开关置于ON档，用诊断仪读取蓄电池管理控制器发出的动力蓄电池电压。正常值约450~550V，若不在正常电压范围内说明动力蓄电池故障。

2）电源开关置于OFF档，断开维修开关，等待5min。打开驱动电机控制器上盖，插上维修开关，电源开关置于ON档，测量高压母线正和母线负之间的电压。正常值约450~550V，正常则检查高压配电箱及高压线路。若不在正常电压范围内则更换驱动电机控制器与DC/DC变换器。

（3）故障码P1EE000散热器过温的故障排除

1）检查冷却液是否充足，若不足加注冷却液。

2）检查冷却液管路是否通畅，水泵是否正常工作，若不正常则疏通管路，更换水泵。

3）若故障还在则更换驱动电机控制器与DC/DC变换器。

2. 驱动电机系统检修

驱动电机控制器是电机的驱动模块，驱动电机控制器与其他系统联系如图6-43所示。

（1）驱动电机控制器数据流读取　在对驱动电机进行故障诊断时，可以使用诊断仪读取驱动电机系统数据流来查看驱动电机系统参数是否正确。驱动电机控制器数据流如图6-44所示。

（2）根据驱动电机系统故障码排除故障　当驱动电机系统出现故障时，系统会存储驱动电机系统故障码。

1）P1B02旋变故障。

① 检查低压插接器。

② 电源开关置于OFF档，拔掉电机控制器低压插接器。

③ 测量B21-45和B21-30电阻是否为15~19Ω。

④ 测量B21-46和B21-31电阻是否为15~19Ω。

⑤ 测量B21-44和B21-29电阻是否为7~10Ω。

⑥ 如果所测电阻正常，则检查B22插接器是否松动，如果没有，则为动力总成故障，更换驱动电机控制器与DC/DC变换器。

2）P1B03欠电压保护故障。

① 检查动力蓄电池电量是否大于10%，如果小于10%则给动力蓄电池充电。

笔 记

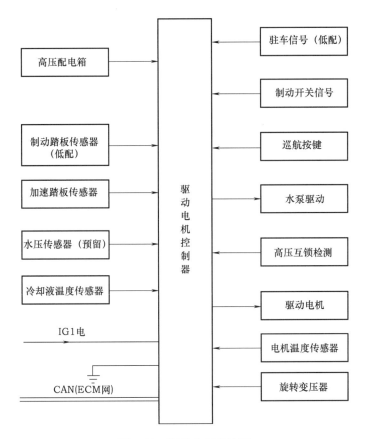

图 6-43　驱动电机系统图

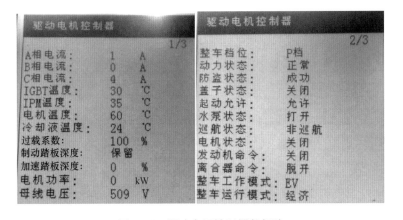

图 6-44　驱动电机控制器数据流

　　② 检测高压母线：断开维修开关，等待 5min；拔掉电机控制器高压插接器；插上维修开关，电源开关置于 OK 档，EV 模式；测量母线电压值，母线正与母线负正常电压值约为 450 ~ 550V，若不在正常范围内则检查高压配电箱及高压线路。

　　③ 若高压配电箱及高压线路正常，则更换驱动电机控制器与 DC/DC 变换器。

　　（3）驱动电机控制器拆卸安装

　　1）驱动电机控制器拆卸维修前需：

　　① 将电源开关置于 OFF 档。

　　② 拔掉维修开关，等待 5min 以上。

　　③ 断开辅助蓄电池。

2）驱动电机控制器拆卸：

① 拆掉电机三相交流插接器的 4 个螺栓。

② 拔掉高压母线插接器。

③ 拆掉附在箱体的高压配电箱上端螺栓。

④ 拆掉底座 4 个紧固螺栓。

⑤ 将控制器往左移，拔掉 62Pin 低压插接器，拆掉搭铁螺栓，拔掉 DC/DC 变换器低压输出线，拔掉 4 个低压线束卡扣。

⑥ 将控制器往右移，拆掉进水管，拆掉出水管（拆掉进水管时将流出的冷却液用容器接住）。

3）驱动电机控制器安装：

① 将控制器放进安装位置。

② 将控制器往右边移动，安装进水管、出水管。

③ 安装 4 个底座螺栓（先对准左上方螺栓，将螺栓放进去，拧进 1/3；再对准右下方螺栓，将螺栓拧进 1/3；之后放进其他螺栓，将所有螺栓拧紧，拧紧力矩 22N · m）。

④ 卡上低压线束卡扣，插上 DC/DC 变换器低压输出线；安装搭铁螺栓（拧紧力矩 22N · m）；插上 62Pin 插接器。

⑤ 安装贴在箱体侧面的高压配电箱螺栓。

⑥ 插上高压母线插接器。

⑦ 安装电机三相交流插接器（先装最靠近车头下方螺栓，拧进 1/3；再装其对角螺栓，拧进 1/3；之后安装其他螺栓，将所有螺栓拧紧，拧紧力矩 9N · m）。

（4）直流母线电压故障检查

1）检查直流高压插接器。断开维修开关，拔下高压插接器，用万用表测量控制器上高压插接器正极、负极对控制器外壳阻抗，一般大于 20MΩ；若正常，进行下一步检查；若异常，检查高压电缆。

2）检查高压输入信号。用万用表检查高压输入端电压，看是否在 480～500V，若正常，驱动电机控制器故障；若小于 480V，则为外部输入异常，需检查动力蓄电池系统、预充系统。

五、漏电传感器检修

比亚迪秦采用交流式漏电传感器。当高压系统漏电时，传感器会发出一个信号给蓄电池管理控制器，蓄电池管理控制器接收到漏电信号后会根据漏电情况马上报警或者控制断开高压系统，防止高压漏电对人或者物品造成伤害和损失。漏电传感器电路如图 6-45 所示。

（1）漏电传感器诊断流程

1）检查辅助蓄电池电压及整车低压线束供电是否正常。标准电压值为 11～14V，如果电压值低于 11V，应充电或更换辅助蓄电池或检查整车低压线束。

2）对接好插接器，将电源开关置于 ON 档，进入蓄电池管理控制器故障码诊断。

3）读取到漏电传感器失效故障或者与漏电传感器通信故障。拔下漏电传感器低压

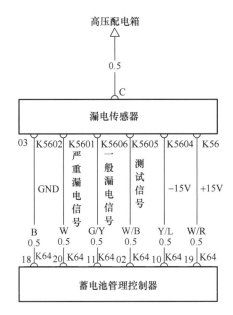

图6-45 漏电传感器电路图

插接器，用万用表测量 K56-04 和 K56-05 端子对地电压是否为 ±9 ~ ±16V。如在电压范围内，蓄电池管理控制器供电正常，则为漏电传感器故障。如不在电压范围内，测试蓄电池管理控制器 K64-19 和 K64-10 端子电压是否为 ±9 ~ ±16V。如在电压范围内则为线束故障，更换线束。

（2）漏电传感器更换流程 若确认漏电传感器有问题，导致车辆不能运行，请按以下步骤更换。

1）将电源开关置于 OFF 档，拆下后排座椅，断开维修开关，等待 5min。

2）拔掉与整车线束对接的低压线束。

3）戴上绝缘手套，拔掉漏电传感器与高压配电箱连接的插接器。

4）用 8 号套筒拆卸漏电传感器的 2 个固定螺栓。

5）更换漏电传感器，插上低压插接器，插上与高压配电箱连接的插接器，插上维修开关把手，确认问题是否解决。

6）断开维修开关，用 8 号套筒拧紧漏电传感器的 2 个固定螺栓。

7）插上维修开关把手，安装好座椅，结束。

六、高压配电箱检修

比亚迪秦高压配电箱主要是将动力蓄电池的电能分配给各用电器，也将车载充电机输出的电能分配给动力蓄电池。高压配电箱本身无故障码，但是接触器及霍尔传感器可以通过蓄电池管理控制器的故障码来判断。

（1）高压配电箱检查步骤 若确认高压配电箱有问题，导致车辆不能运行，进行如下检查：

1）检查维修开关是否松动或未安装，若有故障则接牢或更换维修开关。

2）检查配电箱空调熔断器。电源开关置于 OFF 档，拆开配电箱侧边小盖，测量上方空调熔断器（30A）是否导通。若熔断器不导通，则更换空调熔断器。

3）检查各接触器电源脚。电源开关置于 OFF 档，连接好蓄电池；用万用表根据表6-14 测量低压插接器端子对地电压。如电压在正常范围内则接触器供电正常，否则检查低压线束。

表6-14　秦某车型接触器低压插接器端子对地测量电压表

端　子	线　色	正　常　值
K54-1—车身地	R/Y	约 12V
K54-3—车身地	R/Y	约 12V
K54-4—车身地	R/Y	约 12V
K54-5—车身地	R/Y	约 12V

4）检查负极接触器控制脚。电源开关置于 ON/OK 档，用万用表测量低压插接器端子对地电压。测量 K54-10 与车身地之间的电压值，正常值小于1V。如在正常范围内，接触器控制正常。否则检查蓄电池管理控制器或线束。

5）检查预充接触器控制脚。在电源开关置于 OK 档过程中，用万用表测量低压插接器端子 K54-13 对地电压是否由 12V 降低为 1V 以下再恢复 12V；如不在电压范围内，则检查蓄电池管理控制器或线束。

6）检查正极接触器控制脚。电源开关置于 ON/OK 档，用万用表测量低压插接器端子对地电压。测量 K54-14 与车身地电压，正常值应小于1V。如在正常范围内，接触器控制正常。否则检查蓄电池管理控制器或线束。

7）检查空调接触器电源脚。电源开关置于 ON/OK 档，用万用表测量低压插接器端子对地电压。测量 K54-7 与车身地电压，正常值约为 12V。如在正常范围内则接触器电源正常。否则检查线束或空调控制模块。

8）检查高压互锁信号。电源开关置于 OFF 档，按表6-15 用万用表测量低压插接器端子对地电压。若不在正常值范围内，检查蓄电池管理控制器或线束。

表6-15　测量低压插接器端子

端　子	线　色	正　常　值
K54-19—车身地	R/W	+15V
K54-21—车身地	R/L	−15V

（2）高压配电箱拆卸与安装　若确定配电箱有问题需要维修，请在厂家的指导下更换配电箱。

1）结构组成：高压配电箱总成由箱体、上盖及内部器件组成。

2）拆卸维修前操作：

① 电源开关置于 OFF 档。

② 辅助蓄电池断电。

③ 拆卸座椅，拔掉维修开关。

④ 拆卸行李箱右后内饰板。

3）拆卸：

① 断开外部所有插接器，包括蓄电池包正、负极插接器，直流母线正、负极插接

器，PTC 插接器，车载充电机插接器，漏电传感器插接器，低压插接器。

② 用扳手将高压配电箱搭铁线的紧固螺栓松开，并将固定高压配电箱的 4 个六角头螺栓拧下。

③ 向车后方平移高压配电箱，轻轻取下。

4）装配：

① 将高压配电箱安装在电池托架上，调整到位后用 4 个螺栓将其固定，拧紧力矩要求约为 24N·m。

② 将搭铁线用螺栓固定，拧紧力矩要求约为 24N·m。

③ 将配电箱与漏电传感器的插接器对接到位，固定在上方车身腰形孔。

④ 将高压插接器对接好，先在乘员舱将直流母线正负极对准插入，听到"咔嗒"声时为连接到位，同时将二次锁死机构向里推入，完成插接器的连接。再去车后方将蓄电池包正负极车载充电机、PTC 依次对接好（插接器必须先对接好再插二次锁止机构）。

⑤ 将低压插接器对接并固定好。

注意：操作员操作时应戴好手套，以免碰伤。安装前确保高压配电箱外观清洁，表面不应有明显划痕或压痕。

笔记

学习情景7

卡罗拉混合动力电动汽车原理与检修

整车主要零部件 ── 认知卡罗拉混合动力电动汽车

整车驱动模式

整车工作原理

维修基本操作和注意事项 ── 维修注意事项和紧急应对措施

紧急应对措施

检查与维护前准备工作

检查与维护发动机

检查与维护底盘 ── 检查与维护卡罗拉混合动力电动汽车

检查与维护车身和辅助系统

路试检查

卡罗拉混合动力电动汽车原理与检修

检修发动机及其控制系统 ── 发动机规格和主要特征

发动机的主要结构组成和特点

发动机故障维修基本程序

检修发动机典型故障案例

检修动力蓄电池及其控制系统 ── 动力蓄电池系统的结构

动力蓄电池系统控制策略

检查和维修动力蓄电池部件

更换动力蓄电池

检修动力蓄电池典型故障案例

检修混合动力系统 ── 混合动力系统组成及工作原理

混合动力系统控制策略

混合动力电动汽车高压安全措施

检修混合动力系统典型故障案例

学习任务1　认知卡罗拉混合动力电动汽车

 【学习目标】

1. 了解卡罗拉混合动力电动汽车的主要特性。
2. 掌握混合动力电动汽车主要零部件的功用和特点。
3. 掌握卡罗拉混合动力电动汽车的驱动模式。
4. 掌握混合动力电动汽车的工作原理。

 【任务描述】

客户张先生欲购置一款卡罗拉双擎混合动力电动汽车，但是对于混合动力电动汽车并不熟悉，还存在很多疑问，现需要你作为4S店工作人员向张先生介绍卡罗拉双擎混合动力电动汽车。

 【知识准备】

截至2016年4月底，丰田混合动力电动汽车的全球累计销量已经突破900万辆。卡罗拉混合动力电动汽车的官方油耗为4.2L/100km。那么如此低的油耗是如何创造的呢？让我们一起来了解一下卡罗拉双擎这款车吧。

 **小贴士**

双擎特点：

"双擎"的混合动力技术（HEV技术）

"双擎"的混合动力技术属于完全混合动力技术，它同时具有发动机和电动机两个动力源，实现既可以使燃油发动机和电动机分别单独驱动，更可同时驱动，在大幅提升动力性能的同时，极大地降低了油耗，是兼顾传统与未来于一身、将节能减排落实到实处的技术，因此被命名为"双擎"。

 节能
百公里油耗4.2L

 环保
高效发动机自身已减少尾气排放，在单独依靠电动机行驶时，更进一步减少环境污染。

强劲
中段加速快至 3.1s，
时速在 20 ~ 50km/h 为
中段加速。

 静谧
切换到纯电动驾驶模式时，发动机完全
停止工作。

 无须外部充电
在车辆正常行驶的情况下，由发动机带动电机进行发电；在减速时，自动将制动
能量转化为电能，为驾驶提供持续的动力。

小贴士

　　Hybrid Synergy Drive（HSD）是丰田混合动力系统的名称，它能够使汽油发动机和电动机协同工作，充分利用各动力源的优势，高效地控制输出分配，从而实现高加速性能和静谧性、低油耗、低排放的并存。

一、整车主要零部件

　　卡罗拉双擎油电混合动力电动汽车采用丰田第二代混合动力系统（THS-II），它使用了 2 种动力源，发动机和动力蓄电池组合，具有高压电路，以利用各动力源提供的优势并弥补各自的劣势，从而实现高效运行。与现有的纯电动汽车不同，该车无须使用外部设备对其蓄电池充电。该车的主要零部件分布情况如图 7-1 所示。

 笔记

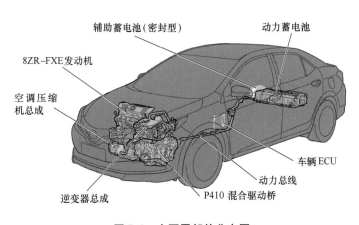

图7-1　主要零部件分布图

1. 8ZR-FXE 发动机

　　8ZR-FXE 发动机，如图 7-2 所示，它是一台直列 4 缸、1.8L、16 气门 DOHC 发动机，该发动机采用高膨胀比的阿特金森循环、智能可变气门正时（VVT-i）系统、

直接点火系统（DIS）和智能电子节气门控制系统（ETCS-i）。此外采用了电动水泵，取代了传统的带传动技术，提高了暖机性能并减少了冷却损失。发动机规格见表 7-1。

图 7-2　8ZR-FXE 发动机

表 7-1　8ZR-FXE 发动机规格

序　号	项　目	规　格
1	气缸数和排列形式	4 缸、直列
2	气门机构	16 气门 DOHC、链条传动（带 VVT-i）
3	燃油系统	顺序多点燃油喷射（SFI）
4	排量/L	1.798
5	最大输出功率/kW	73
6	最大转矩/N·m	142

小贴士

阿特金森循环

由进气、压缩、膨胀、排气 4 个行程循环构成的四冲程内燃机，是奥托历时 14 年于 1876 年研发成功的，该发动机原理被称为奥托循环。因为当时的技术限制，压缩比不能作出更大的提升，因此发动机的效率也不能进一步地提升。1882 年，英国工程师詹姆斯·阿特金森在使用奥托循环内燃机的基础上，通过一套复杂的连杆机构，使得发动机的膨胀行程大于压缩行程，这种巧妙的设计，不仅改善了发动机的进气效率，也使得发动机的膨胀比高于压缩比，有效地提高了发动机效率，这种发动机的工作原理被称为阿特金森循环。

概念提示

DOHC：Double Overhead Camshaft，双顶置凸轮轴，其特点是有 2 个顶置凸轮放在气缸体上。第 1 个用于带动进气门，第 2 个用于带动排气门。一般每缸有多个气门，普遍是 4 气门（即 2 个进气门 2 个排气门），多气门发动机燃烧更充分，能让更多新鲜空气进入发动机，排放效率更好。

VVT-i：Variable Valve Timing-intelligent，丰田公司的智能可变气门正时系统，其特点是：ECM 在各种行驶工况下自动搜寻一个对应发动机转速、进气量、节气门位置和冷却液温度的最佳气门正时，并控制凸轮轴正时液压控制阀，通过各个传感器的信号来感知实际气门正时，然后再执行反馈控制，补偿系统误差，达到最佳气门正时的位置，从而能有效地提高汽车的功率与性能，尽量减少耗油量和废气排放。

DIS：Direct Ignition System，直接点火系统，又叫无分电器点火系统，其特点是完全淘汰了传统点火系统的分电器和高压线，并将点火线圈缩小，直接安装在各个气缸的火花塞上。用 ECU 和晶体管点火器，通过普通电线，直接控制各个火花塞上的初级电流的通断。它的优点是完全取消了运动机件，减少了漏电环节，工作可靠，提高了点火能量，减轻了电磁干扰，使发动机结构更为紧凑。

ETCS-i：Electronic Throttle Control System-intelligent，智能电子节气门控制系统，它是通过加速踏板总成来实现驾驶人的意图，并通过传感器将驾驶人的意图传递给 ECU。ECU 再根据踏板信号来控制节气门电机，打开节气门阀板，从而实现对进气流量的控制。其特点是根据加速踏板输入、发动机和车辆状况，优化控制节气门开度。

2. P410 混合驱动桥

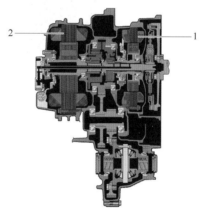

卡罗拉油电混合动力电动汽车采用 P410 混合驱动桥，其总成包括 1 号电机（MG1）和 2 号电机（MG2），其中 1 号电机主要用于发电，2 号电机主要用于驱动车辆；该总成采用带复合齿轮装置的无级变速器装置，发动机、MG1 和 MG2 通过此装置机械连接，实现了平稳、静谧性操作，其结构如图 7-3所示。

MG1 和 MG2 的规格见表 7-2。

图 7-3　P410 混合驱动桥
1—1 号电机（MG1）　2—2 号电机（MG2）

表 7-2　MG1 和 MG2 的规格

项　　　目	规　　格	
	1 号电机（MG1）	2 号电机（MG2）
类型	永磁同步电机	永磁同步电机
功能	发电、起动发动机	发电、驱动车辆
冷却系统	水冷	风冷
最高电压/V	AC650	AC650

（续）

项　目	规　格	
	1 号电机（MG1）	2 号电机（MG2）
最大输出功率/kW		53
最大转矩/N·m		207

笔记

3. 动力蓄电池

　　动力蓄电池如图7-4所示，其位于车辆行李箱内后排座位下，如图7-5所示，其主要功能是根据车辆行驶状态，向 MG1 和 MG2 供电，其规格见表7-3。

图7-4　动力蓄电池

图7-5　动力蓄电池位置

表7-3　动力蓄电池的规格

项　目	规　格
类型	金属氢化物镍蓄电池
单体数量	168（6 个单体 ∗ 28 组）
标称电压/V	201.6
蓄电池容量/A·h	6.5

小贴士

　　卡罗拉混合动力电动汽车共有两个蓄电池，分别有不同用途，一个是存储电能以驱动车辆的动力蓄电池（标称电压为直流201.6V），另一个是为低压电气系统供电的辅助蓄电池（标称电压为直流12V）。

4. 逆变器总成

卡罗拉混合动力电动汽车采用将电机控制器、逆变器、增压转换器和 DC/DC 变换器集成于一体的逆变器总成，如图 7-6 所示，其特点是结构紧凑、轻量化，且带有增压转换器，安装位置如图 7-7 所示。逆变器总成的规格见表 7-4。逆变器总成的主要功能是将来自动力蓄电池的直流电转换为交流电提供给 MG1 和 MG2，反之亦然；此外逆变器将 MG1 产生的电能提供给 MG2。本车采用了可变电压系统，包括大功率动力蓄电池、将 MG1 和 MG2 的工作电压增至最高电压直流 650V 的增压转换器和将直流电转换为交流电的逆变器。由于混合动力电动汽车未配备常规交流发电机，因此，使用 DC/DC 变换器将来自动力蓄电池的高电压降至约直流 14V 以对辅助蓄电池充电和整车电气设备供电。

图 7-6　逆变器总成

图 7-7　逆变器总成位置

表 7-4　逆变器总成规格

项　　目		规　　格
组件		逆变器、增压转换器、电机控制器和 DC/DC 变换器
冷却系统	概述	独立于发动机冷却系统
	结构	直接冷却
尺寸	质量/kg	13.5
	体积/L	13

二、整车驱动模式

卡罗拉油电混合动力电动汽车能够采用多模式进行驱动，包括 EV MODE、ECO MODE、PWR MODE 三种。操作如图 7-8 所示整车驱动模式的组合开关，可以对整车的驱动模式进行切换。

1. EV 驱动模式

EV 驱动模式，即纯电动模式，采用 EV 驱动模式时，由动力蓄电池进行供电，车辆仅由电机驱动，发动机停止工作，同时在仪表盘上会显示如图 7-9 所示的 EV 驱动模式指示灯和 EV 指示灯。当 EV 驱动模式取消时，蜂鸣器鸣响，EV 驱动模式指示灯闪烁然后熄灭。

图 7-8　整车驱动模式

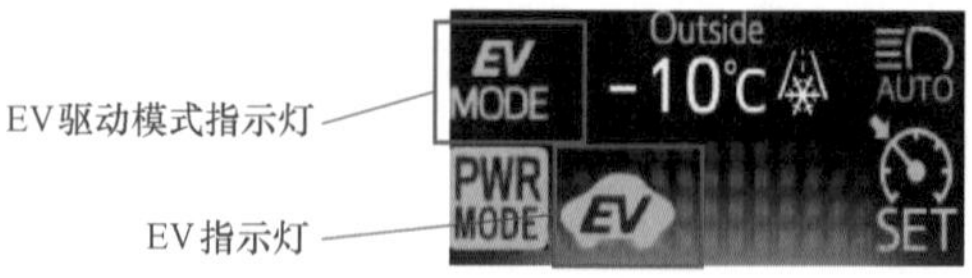

图 7-9　EV 驱动指示灯

车辆在表 7-5 所示情况下无法使用 EV 驱动模式。

表 7-5　无法使用 EV 驱动模式的情况

序　号	EV 驱动模式无法使用的情况
1	混合动力系统温度高时（在车辆爬长坡、高速行驶或者外界温度高时，混合动力系统温度可能在较高状态）
2	混合动力系统温度低时（在长时间放置或者外界温度低时，混合动力系统温度可能在较低状态）
3	汽油发动机暖机时，发动机冷却液温度低于规定值
4	动力蓄电池电量低，荷电状态低于 50% 或更低
5	车速高时，车速高于 40km/h
6	用力踩下加速踏板或车辆在坡道上行驶时
7	风窗玻璃除雾时
8	巡航系统工作时

当动力蓄电池电量不足时，车辆自动开启发动机驱动，同时为动力蓄电池充电。电量达到一定数值，发动机自动关闭。

2. ECO 驱动模式

ECO 驱动模式又称环保驾驶模式，当在行驶途中需要频繁加速与制动时，使用环保驾驶模式能更顺利地产生与加速踏板踩下量相符的转矩，同时最大程度地优化空调系统的工作性能，通过发动机与电机相互配合工作，有助于降低燃油消耗。当采用 ECO 驱动模式时，需要按下整车驱动模式的组合开关 ECO MODE，且仪表盘上出现 ECO 指示灯。再次按下 ECO MODE 开关可取消环保驾驶模式。

3. POWER 驱动模式

POWER 驱动模式又称为动力模式，此模式适用于山地行驶或超车等追求高水准的速度和动力的情况，此时由发动机和电机驱动。当采用 POWER 驱动模式时，需要按下整车驱动模式的组合开关 PWR MODE，且仪表盘上出现 PWR 指示灯。再次按下 PWR MODE 开关可取消动力模式。按下 ECO MODE 开关可将行驶模式切换至环保驾驶模式。

三、整车工作原理

本车采用了丰田第二代混合动力系统（THS-Ⅱ），THS-Ⅱ结构如图 7-10 所示，它主要由发动机、混合驱动桥总成、带转换器的逆变器总成和动力蓄电池组成，采用混联式混合动力系统。该系统对 8ZR-FXE 发动机和 P410 混合驱动桥总成内的 1 号电机（MG1）和 2 号电机（MG2）进行协同控制。

扫一扫

传动桥组成与整车
工作原理

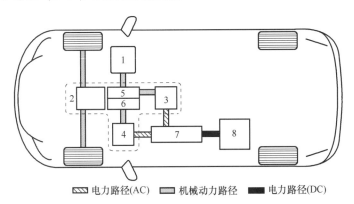

图 7-10　THS-Ⅱ结构

1—发动机　2—混合驱动桥总成　3—1 号电机（MG1）

4—2 号电机（MG2）　5—动力分配行星齿轮机构　6—减速行星齿轮机构

7—带转换器的逆变器总成　8—动力蓄电池

混联式混合动力系统结合了串联式混合动力系统和并联式混合动力系统的特征，如图 7-11 所示，混合动力系统使用发动机和 MG2 提供的原动力，并将 MG1 用作发电机，MG1 可利用发动机动力发电，产生的电能为动力蓄电池充电，同时为 MG2 提供动力。

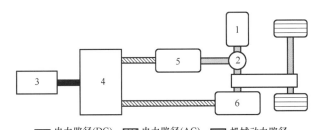

图 7-11　混联式混合动力系统结构

1—发动机　2—动力分配行星齿轮机构　3—动力蓄电池

4—逆变器　5—1 号电机（MG1）　6—2 号电机（MG2）

混合动力系统会根据如图 7-12 所示的行驶状态对发动机、MG1 和 MG2 的运转进行优化组合，来驱动车辆。

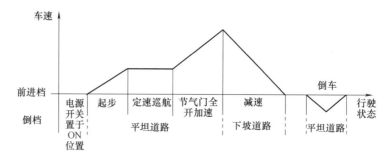

图 7-12　典型的车辆行驶状态

1. 起步

当车辆行驶状态处于起步时，由 MG2 为车辆提供动力，MG1 为自由旋转状态，动力传输路径如图 7-13 所示，动力蓄电池电力经逆变器总成从直流电转换为交流电，供给 MG2，MG2 此时为电动机，产生的机械能经减速行星齿轮机构和混合驱动桥总成传输至车轮处。如果仅由 MG2 驱动运行时，所需的驱动转矩增加，则激活 MG1 以起动发动机。

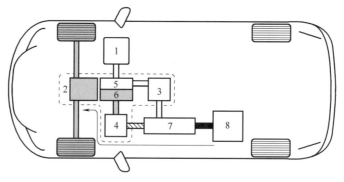

━━ 动力传输　▨ 电力路径(AC)　▨ 机械动力路径

图 7-13　起步行驶状态的动力传输路径

1—发动机　2—混合驱动桥总成　3—1 号电机（MG1）　4—2 号电机（MG2）
5—动力分配行星齿轮机构　6—减速行星齿轮机构　7—逆变器总成　8—动力蓄电池

2. 定速巡航

当车辆行驶状态处于定速巡航时，由 MG2 为车辆提供主动动力，MG1 为发电状态，动力传输路径如图 7-14 所示。动力分配行星齿轮机构传输发动机原动力，其中一部分原动力直接输出，剩余的原动力则通过 MG1 发电，经逆变器将电能传输至 MG2，MG2 输出动力驱动车辆。如果动力蓄电池的 SOC 水平低，则由发动机驱动的 MG1 对其进行充电。

3. 节气门全开加速

当车辆行驶状态处于节气门全开加速时，发动机和电机同时驱动，由发动机和 MG2 为车辆提供主动动力，MG1 为发电状态。动力传输路径如图 7-15 所示，分为两部

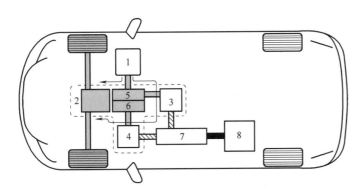

图 7-14 定速巡航行驶状态的动力传输路径（图注、图例同图 7-13）

分：一是由发动机作为动力源，经动力分配行星齿轮机构传输动力，一部分原动力直接输出，剩余的原动力经过 MG1 发电传输至 MG2 动力输出；二是由动力蓄电池将电力供给 MG2，MG2 将动力传输至车轮处。

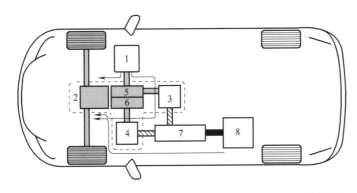

图7-15 节气门全开加速行驶状态的动力传输路径（图注、图例同图 7-13）

4. 减速

选择 D 位的情况下使车辆减速时，发动机关闭且动力变为零。此时车轮驱动 MG2，使 MG2 作为发电机运行，从而为动力蓄电池充电，MG1 为自由旋转状态。如果车辆从较高的车速减速，发动机将保持预定转速而非停止，以保护行星齿轮机构。动力传输路径如图 7-16 所示，车轮经混合驱动桥总成驱动 MG2，MG2 作为发电机经逆变器总成为动力蓄电池充电。

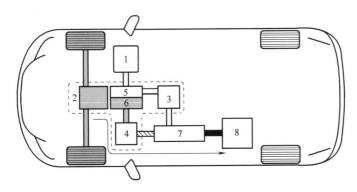

图 7-16 减速行驶状态的动力传输路径（图注、图例同图 7-13）

5. 倒车

车辆以倒档行驶时，所需动力由 MG2 提供，此时 MG2 反向旋转，发动机保持停止，且 MG1 沿正常方向旋转而不发电。动力传输路径如图 7-17 所示，动力蓄电池电力经逆变器总成供给 MG2，MG2 作为电动机，产生的机械能经减速行星齿轮机构和混合驱动桥总成传输至车轮处。

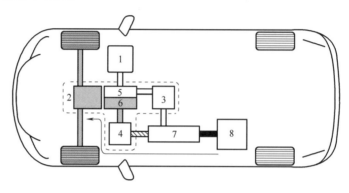

图 7-17   倒车行驶状态的动力传输路径（图注、图例同图 7-13）

学习任务2 维修注意事项和紧急应对措施

【学习目标】

1. 掌握维修混合动力电动汽车的基本操作和注意事项。
2. 掌握断开高压电路的操作流程。
3. 掌握混合动力电动汽车的紧急应对措施。

【任务描述】

客户张先生的卡罗拉双擎混合动力电动汽车在上班的途中与其他车辆出现了轻微碰撞，目前车辆故障警告灯已点亮，车辆不能正常行驶。现需要你作为维修技师到现场切断混合动力电动汽车高压电路，并针对此情况采取紧急应对措施。

【知识准备】

本车使用动力蓄电池（高电压），配备了在最高650V电压下工作的混合动力系统，且动力蓄电池的电解液是含氢氧化钾的强碱溶液。在维修此类车辆时，如果采用不适当方法或在工作中疏忽对待，可能会造成严重电击或身体伤害。所以工作人员务必要经过专业训练才能维修和检查高压系统，认真学习本节内容能将维修中的风险降到最低。

素质养成：培养自身安全规范、服务意识和责任心，培养精益求精的工作作风和严谨求实的劳动态度。

一、维修基本操作和注意事项

1. 基本维修操作提示

混合动力电动汽车基本维修操作提示见表7-6。

扫一扫

维修注意事项

表7-6　基本维修操作提示

序　号	维修操作基本步骤	维修操作注意事项
1	着装	务必身着清洁的工作服 务必戴好工作帽，穿好绝缘鞋

（续）

序　号	维修操作基本步骤	维修操作注意事项
2	车辆防护	开始工作前，准备好散热器格栅罩、翼子板保护罩、座椅护面及地板垫
3	检查安全操作	两个或两个以上人员一起工作时，务必要相互检查安全情况 在发动机运转的情况下进行工作时，要确保维修车间中具备通风装置，以排出废气 维修高温、高压、旋转、移动或振动的零件时，一定要佩戴适当的安全设备，并且要格外小心不要使自己或他人受到伤害 顶起车辆时，务必使用安全底座支撑车辆的规定部位 举升车辆时，使用适当的安全设备
4	准备工具和测量设备	开始工作前，准备好工具台、测量设备、机油和全部所需更换零件
5	拆卸和安装、拆解和装配操作	在充分了解正确的维修程序和报修故障之后，对故障进行诊断 拆卸任何零件前，都要检查总成的总体状况以确认是否变形或损坏 如果程序复杂，要作记录。例如，记录拆下的电气连接、螺栓或软管的总数。加上装配标记，以确保将各零部件重新装配到其原来位置。如有必要，可暂时对软管及其管接头做标记 如有必要，清洗拆下的零件，彻底检查后，再装配这些零件
6	拆下零件	应将拆下的零件放在一个单独的盒子内，以免与新零件混淆或弄脏新零件 对于不可重复使用的零件（如衬垫、O形圈和自锁螺母等），要按照说明用新件进行更换。如客户要求，则保留拆下的零件以备客户检查
7	完成工作后的检查	确保零件正确安装紧固 确保使用的布或工具未留在发动机舱内或车内 检查并确认无机油泄漏

注意：务必正确进行这些检查，完成工作时，未正确进行这些检查会导致严重事故或伤害。

2. 检查和维修高压电路的注意事项

1）所有高压线束均为橙色，动力蓄电池和其他高压零部件上都带有"高压"的警告标签，如图7-18所示。不要随意碰触这些线束和零部件。

2）高压电路的线束或插接器有故障时，不要尝试维修线束或插接器。应更换损坏或有故障的高压线束或插接器。

3）在检查或维修高压系统之前，务必遵守所有安全措施，例如戴好绝缘手套和拆下维修开关以防止电击。将拆下的维修开关把手装在自己的口袋里，以防止他人将其意外重新连接。

图 7-18　高压线束和高压警告标签

4）维修车辆时，不要携带自动铅笔或刻度尺之类的金属物品，以免这些物品意外掉落导致短路。

5）在接触裸露的高压端子之前，要戴好绝缘手套并用检测仪确定该端子的电压为 0V。

6）断开或暴露高压插接器或端子之后，要立即使用绝缘胶带将其绝缘，如图 7-19 所示。

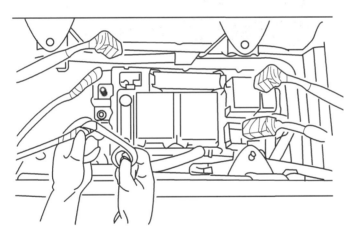

图 7-19　用绝缘胶带包裹高压插接器或端子

7）应将高压端子的螺栓和螺母紧固至规定力矩。力矩不足或过大均可能导致故障。

8）使用"警告：高压请勿碰触"的标牌告知他人正在检查或维修高压系统。

9）在维修高压系统之后和重新安装维修开关之前，再次检查并确认没有任何零件或工具遗留在系统内、已固定好高压端子并正确连接了插接器。

10）执行高压电路工作时，使用缠绕乙烯绝缘带的工具或绝缘工具。

11）安装混合动力系统零部件时，例如动力蓄电池，确保连接的所有极性正确。

3. 切断高压电路流程

在检查或维修高压系统时，务必要先切断高压电路，并严格遵循以下操作流程。

1）将变速杆切换至 P 位，如图 7-20 所示，使用驻车制动，将电源开关置于 OFF 位置，并将钥匙自行收好，移开智能系统探测范围。

图 7-20　变速杆切换至 P 位

注意：如果不能将电源开关置于 OFF 位置时，需从发动机舱 1 号继电器盒和 1 号接线盒总成上拆下 IG2 熔丝，然后确认 READY 灯不亮。

2）断开辅助蓄电池负极端子，如图 7-21 所示。

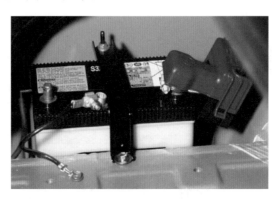

图 7-21　断开辅助蓄电池负极端子

断开并重新连接电缆后，某些系统需要初始化。

3）检查和佩戴绝缘手套。在使用绝缘手套前，请确认绝缘手套有无裂纹、磨损以及其他损伤。

4）检查诊断故障码（Diagnostic Trouble Code），以下简称 DTC。拆卸或安装动力蓄电池前，需要确认未输出 P0AA6（动力蓄电池电压系统绝缘故障）故障码。如果输出该 DTC，为防止电击，务必要对该 DTC 进行故障排除，再进行其他操作。GTS 是一款丰田专用的诊断仪，调取故障码需要使用此仪器，如图 7-22 所示。

图 7-22　丰田诊断仪 GTS

5）拆卸维修开关把手，并将其保存在自己口袋中，如图 7-23 所示。

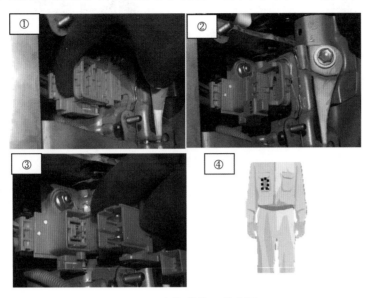

图 7-23　拆卸维修开关步骤

注意事项

1）维修开关安装的情况下，不要检查或维修高压系统。

2）为防止电击，维修车辆前确保拆下维修开关以切断高压电路。

3）拆下维修开关后，不要将电源开关置于 ON 位置，因为这样可能会导致故障。

6）拆除维修开关后，等待 10min 或更长时间以便让高压电容放电，如图 7-24 所示。

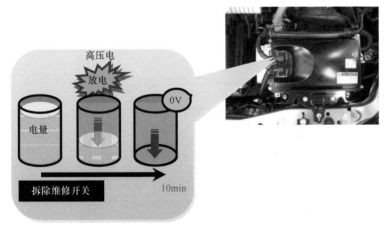

图 7-24　高压电容放电

　　注意：切断高压电路后，带转换器的逆变器总成内的高压电容器仍然存在电荷。所以维修混合动力电动汽车时，拆卸维修开关之后，至少需等待 10min 再开始工作，以使电容器放电。

　　7）测量逆变器端子电压。从带转换器的逆变器总成上拆下插接器盖总成，使用电压表测量逆变器端子电压，以便确认高压电容端子电压为 0V，此时使用电压表选择的量程需要达到 750V 或更大，测量方法如图 7-25 所示。

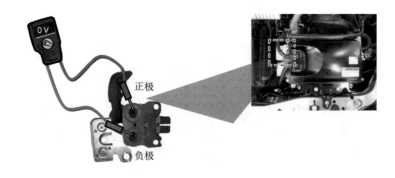

图 7-25　测量逆变器端子电压

8）用绝缘乙烯胶带包裹被断开的高压线路插接器，如图 7-26 所示。

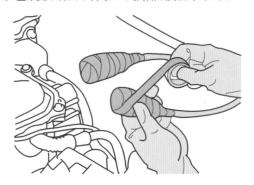

图 7-26　绝缘胶带包裹高压线路插接器

二、紧急应对措施

1. 辅助蓄电池电量不足时应采取的措施

辅助蓄电池位于行李箱内，具体位置如图 7-27 所示。

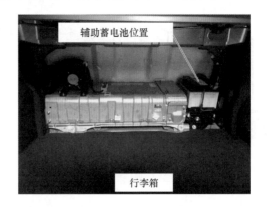

图 7-27　辅助蓄电池的位置

若整车出现以下情况时，表明辅助蓄电池的电量不足。

1）将电源开关置于 ON 位置时，仪表盘上无显示；

> 2）混合动力系统未起动，无法进入 READY 状态；
>
> 3）前照灯变暗；
>
> 4）喇叭声变弱；
>
> 5）档位无法从 P 位换出。

辅助蓄电池的电量不足时可采取以下急救办法：

1）更换备用辅助蓄电池。

2）跨接起动，使用发动机舱内的起动辅助端子。具体执行以下操作：

① 接合驻车制动。

② 将电源开关置于 OFF 位置并将钥匙带出车内检测区域。

③ 拆下发动机舱 1 号继电器盒和 1 号接线盒总成盖。

④ 使用起动辅助电缆，将救援车辆的 12V 辅助蓄电池连接至熄火车辆的辅助蓄电池。正极跨接端子和负极跨接端子的位置如图 7-28 所示，按如图 7-29 所示的方式进行连接，具体连接顺序见表 7-7。

负极跨接端子　　　　正极跨接端子

图 7-28　正极跨接端子和负极跨接端子

表 7-7　跨接起动连接顺序

连 接 顺 序	连 接 位 置
1	熄火车辆的起动辅助正极跨接端子
2	救援车辆的辅助蓄电池正极端子
3	救援车辆的辅助蓄电池负极端子
4	熄火车辆的起动辅助负极跨接端子

⑤ 起动救援车辆的发动机，使发动机在略高于急速转速下运行。

⑥ 将电源开关置于 ON 位置。

注意：在混合动力系统起动后，按照与连接时相反的顺序立即断开起动辅助电缆。不要使起动辅助电缆一直保持连接状态。

如果混合动力系统不能起动，并且显示动力蓄电池警告，则动力蓄电池可能电量耗尽。

笔记

笔 记

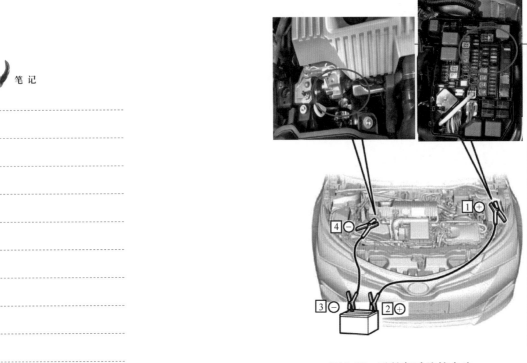

图 7-29　跨接起动连接方法

2. 对碰撞受损的车辆应采取的措施

（1）准备所需用品　事故现场应准备的用品见表7-8。

表 7-8　处理碰撞受损的车辆应准备的特殊用品

序　号	准备的特殊用品	图　片
1	防护服、绝缘手套、护目镜和安全鞋	
2	20L 饱和硼酸溶液（将 800g 硼酸粉末放在容器中用水溶解）	

（续）

序　号	准备的特殊用品	图　片
3	红色石蕊试纸	
4	ABC 灭火器（可用于扑灭油火及电火）	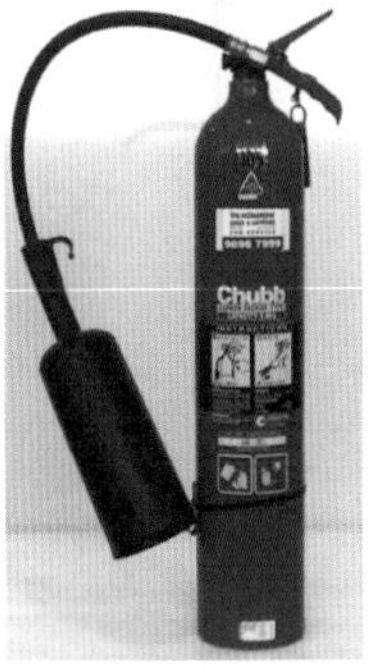
5	抹布或布条（用于擦除中和的电解液）	
6	绝缘胶带（用于绝缘电缆）	
7	电子检测仪	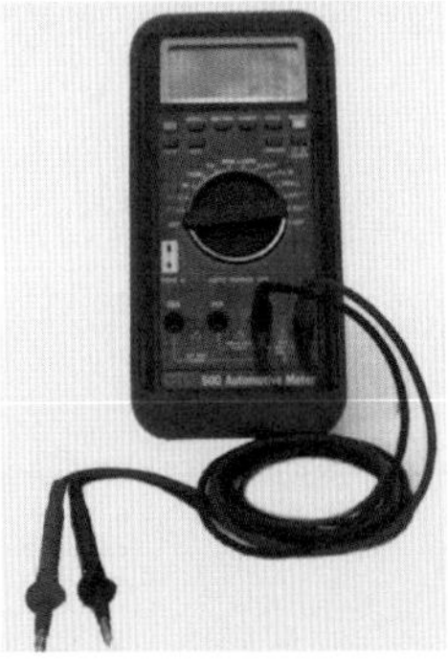

（2）在事故现场的处理措施　处理碰撞受损的此类车辆在事故现场时可采取以下措施：

笔 记

> **注意事项**
>
> 不要碰触可能为高压电缆的裸露电缆,如果必须接触电缆或不可避免意外接触该电缆,则需要佩戴好绝缘手套,并用绝缘胶带将电缆绝缘。
>
> 如果车辆起火,则使用 ABC 灭火器灭火。试图仅用少量的水灭火可能不起作用,反而更加危险,应使用大量的水灭火或等待消防队员到来。
>
> 如果车辆浸入水中,则只有将车辆从水中拖出之后,才可以处理车辆。

1)检查动力蓄电池的临近区域是否有泄漏的电解液。

目视检查动力蓄电池及其周围区域是否有电解液泄漏,不要接触任何泄漏的液体,防止接触强碱性电解液。佩戴好绝缘手套和护目镜,用饱和硼酸溶液中和泄漏的液体,然后用红色石蕊试纸测试该液体,检查并确认试纸未变成蓝色。用抹布或布条擦净中和的电解液。

> **注意事项**
>
> 如果皮肤接触到电解液,则可用饱和硼酸溶液或大量清水进行冲洗。如果衣物接触到电解液,则要立即将该衣服脱掉。如果电解液进入眼睛,则要大声呼救,不要揉擦眼睛,应立即用大量清水冲洗并及时就医。

2)如果怀疑任一高压零部件和电缆损坏,则按照前文所述程序切断高压电路。

(3)移走受损车辆　满足下列条件之一时,需要使用拖车拖走车辆。

1)一个或多个高压零部件及电缆损坏。

2)与驱动或燃油系统有关的零部件损坏。

3)主警告灯点亮。

4)尝试将电源开关置于 ON(READY)位置时,READY 灯不亮。

> **注意事项**
>
> 移走受损车辆后应注意:如果在路面上发现任何液体,则可能是强碱性电解液。需要戴好绝缘手套和护目镜,用饱和硼酸溶液中和泄漏的液体,然后用红色石蕊试纸测试该液体,检查并确认试纸未变成蓝色。用抹布或布条擦净中和的电解液。

3. 牵引故障车辆的措施

牵引故障车辆可采用表 7-9 所示的方法进行牵引。

表 7-9　牵引故障车辆方法

牵引方法	驻车制动	档　位
1. 平板卡车	施加	任一

（续）

牵　引　方　法	驻　车　制　动	档　　位
2. 车轮举升式卡车 从前面（使用台车） 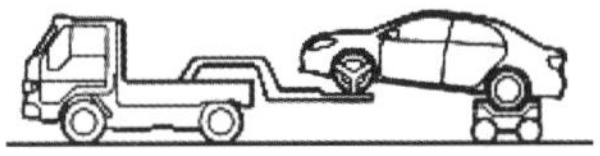 从后面（使用台车） 	施加	任一
3. 车轮举升式卡车 从前面（不使用台车） 	松开	P

笔记

注意：在用牵引卡车牵引车辆前，需要断开辅助蓄电池负极端子电缆并拆下维修开关。

在牵引受损车辆时尽可能将前后轮均离开地面。如果在拖动损坏的车辆时使其车轮接触地面，可能会导致电机发电。根据车辆损坏的性质，这种电流可能会泄漏并导致起火。如果在紧急情况下找不到牵引卡车，则可用拉索或链条将车辆固定至紧急牵引环暂时牵引车辆，但仅在硬化路面上尝试此方法，且以5km/h或更低的速度尽可能行驶较短距离。驾驶人必须在车内进行转向和制动操作，前提是车辆的车轮、传动系统、车桥、转向和制动系统必须状态良好。如果牵引速度超出上述限制、牵引距离过长或在前轮着地时向后牵引车辆，则可能损坏传动系统。紧急牵引受损车辆时应采取以下措施：

1）将电源开关置于ON位置。

不要将电源开关置于OFF位置。将电源开关置于OFF位置可能会使驻车锁接合，从而导致危险或意外事故。

2）踩下制动踏板，将变速杆移至N位并确认已选择空档。

3）解除驻车制动。

4）缓慢松开制动踏板。

如图7-30所示的牵引方法具有危险性，并可能损坏车辆，因此不要使用。

不要在前轮着地时向后牵引车辆。如果在前轮着地时向后牵引车辆，则传动系统可能过热并损坏。不要使用吊起式牵引方法从车辆前部或后部进行牵引，否则可能损坏车身。

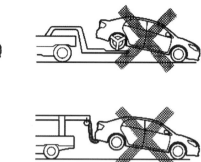

图 7-30   危险的牵引方法

学习任务 3　检查与维护卡罗拉混合动力电动汽车

 【学习目标】

掌握丰田卡罗拉混合动力电动汽车的维护检查项目及方法。

 【任务描述】

客户张先生的卡罗拉双擎混合动力电动汽车截至目前已经行驶了 10 000km，现需要你作为维修人员，对张先生的车进行 10 000km 的定期维护作业。

【知识准备】

一、检查与维护前准备工作

1）做好高压安全防护工作，切断高压电路。

2）准备电动汽车维护工具。

如图 7-31 所示为整车的举升和支撑位置。

素质养成：培养自身与团队的协作能力，能努力地与团队共同分析和解决问题。

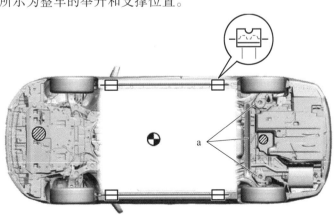

a 不要在后桥下方放置千斤顶　 顶起位置　 车辆重心

☐ 安全底座，采用摇臂式举升机和平板式举升机的支撑位置

图 7-31　整车的举升和支撑位置

扫一扫

车辆举升注意事项

二、检查与维护发动机

1. 检查发动机机油

1）将车辆停放在水平地面上，使发动机暖机并关闭混合动力系统后等待 5min 以上，以使机油回流至发动机底部，检查有无泄漏。

2）使用机油尺检查机油油位，拉出机油尺。

3）使用抹布将机油尺擦净。

4）重新垂直将机油尺完全插入。

5）拉出机油尺，在机油尺端部下方放一块抹布，检查机油油位，如图 7-32 所示。

6）擦净机油尺后再重新完全插入。

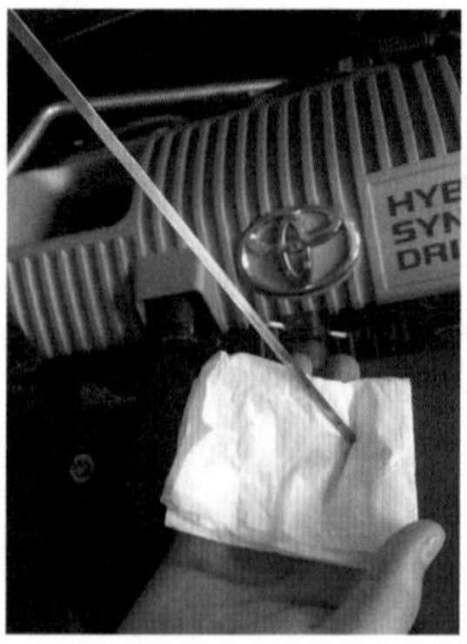

图 7-32　检查机油油位

2. 更换发动机机油和机油滤清器

车辆行驶期间将消耗一定量的发动机机油。在表 7-10 所示的情况下，机油消耗可能会增加，维护期间可能需要重新添加发动机机油。

表 7-10　重新添加发动机机油的情况

序　　号	工 作 情 况
1	使用新发动机时，如购买新车或更换发动机后立即使用
2	使用劣质或黏度不当的机油
3	在发动机高转速或重载下行驶时，或频繁加速或减速行驶时
4	发动机长时间怠速运转时，或频繁驶过交通拥堵路段时

排空发动机机油，步骤如下：

1）拆下机油加注口盖。

2）拆卸油底壳放油螺塞和衬垫，并将发动机机油排放到容器中。

3）清洁油底壳放油螺塞。

4）更换新衬垫和安装油底壳放油螺塞。

注意事项

处理废机油

1）废机油中含有具有潜在危害性的物质，可能会引起诸如皮炎和皮肤癌等皮肤疾病，因此应避免长时间或者频繁接触这类机油。要用肥皂和清水彻底清洗粘在皮肤上的废机油。

2）必须以安全且符合环境法规的方式处理废机油和滤清器。请勿将机油和滤清器弃置于生活垃圾中、下水道中或地面上。

3）请将废机油放在儿童接触不到的地方。

如果发动机机油油位低于或接近低油位标记，则添加与发动机内现有机油类型相同的机油，添加机油步骤如下：

1）逆时针转动机油加注口盖以将其拆下。

2）选择合适的发动机机油，使用干净的漏斗缓慢添加机油并检查机油尺。当发动机机油排空后，机油的重新加注量为 4.2L。

3）顺时针转动以安装机油加注口盖。

发动机机油的选择

目前发动机机油等级包括：0W-20、5W-20、5W-30 和 10W-30 或多级发动机机油 15W-40。

推荐黏度（SAE）：如果在温度极低的条件下使用 SAE10W-30 或黏度更高的发动机机油，则发动机可能难以起动，因此推荐使用 SAE 0W-20、5W-20 或 5W-30 的发动机机油；使用 0W-20 可以确保整车良好的燃油经济性，优先选用。

0W-20 中的 0W 表示机油冷起动性能。使用 W 前面数值较低的机油，在寒冷天气下更容易起动发动机。20 表示机油在高温下的黏度特性。如果车辆高速行驶或处于重载条件下，则适合使用黏度较高的机油。

注意事项

更换发动机机油时应注意：

1）不要让发动机机油溅到车辆部件上。

2）避免过量加注，否则会损坏发动机。

3）每次给车辆加注机油时，都应用机油尺检查油位。

4）确保发动机机油加注口盖已正确拧紧。

同时，在更换机油时还需要更换机油滤清器，如图 7-33 所示，安装时需要在衬垫上涂抹干净的发动机机油。

图 7-33　机油滤清器

安装机油滤清器时需使用扭力扳手紧固机油滤清器，规定力矩为 17.5N·m，如果没有足够的空间使用扭力扳手，则用普通扳手将机油滤清器紧固 3/4 圈。

3. 检查与维护冷却系统

整车冷却系统分为两部分，分为发动机冷却系统和混合动力冷却系统。发动机冷却系统采用了电动水泵，取消了带传动，冷却系统的组成和传递路线如图 7-34、图 7-35 所示。

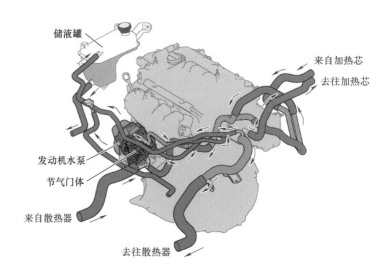

储液罐
来自加热芯
去往加热芯
发动机水泵
节气门体
来自散热器
去往散热器

图 7-34　发动机冷却系统的组成

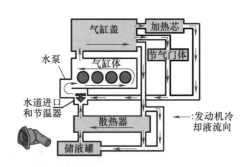

气缸盖
加热芯
节气门体
水泵
气缸体
水道进口和节温器
散热器
←:发动机冷却液流向
储液罐

图 7-35　发动机冷却系统传递路线

混合动力冷却系统用来冷却逆变器、MG1 和 MG2，有专用的散热器，独立于发动机冷却系统。冷却系统组成和传递路线如图 7-36 所示。

冷却液的储液罐在整车中有两个，分别为发动机冷却液储液罐和电驱动系统冷却液储液罐，如图 7-37 所示。

（1）检查冷却系统　检查冷却系统需要检查冷却液液位，如果混合动力系统冷机时储液罐中的冷却液液位在满（FULL 或 F）和低（LOW 或 L）标志线之间，则冷却液液位正常。

检查冷却系统附件，需要目视检查散热器、软管、冷却液储液罐盖、放水开关以

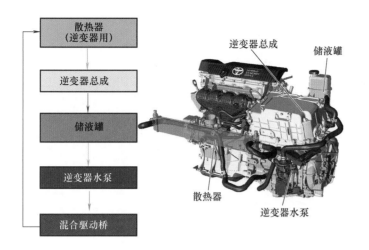

图7-36　混合动力冷却系统组成和传递路线

图7-37　发动机冷却液储液罐和电驱动系统冷却液储液罐

及水泵有无泄漏、裂纹、松脱、腐烂、扭结等现象，清除异物。

注意事项

混合动力系统很热时，请勿拆下冷却液储液罐盖。冷却系统内部可能存在压力，如果拆下储液罐盖，则可能喷出滚烫的冷却液，从而导致烫伤等严重伤害。

（2）更换发动机冷却液　发动机冷却液最初行驶 160 000km 更换一次，之后每行驶 80 000km 更换一次，其更换方法如下：

1）打开储液罐盖，如图 7-38 所示。

2）拆卸散热器排放塞，排放冷却液。

3）拧紧散热器的排放塞。

4）添加冷却液至储液罐上的 FULL 线。

5）用手挤压散热器进水管和排水管几次，然后检查冷却液液位。如果液位低则再添加冷却液。

6）使用丰田诊断仪 CTS 将发动机控制模块从正常模式切换主检查模式。

7）安装储液罐盖。

笔 记

8）暖机。

9）当节温器打开时，允许冷却液循环几分钟。

10）用手挤压散热器进水管和排水管几次，释放系统中的空气。

11）在发动机冷却后，检查冷却液液位是否在 FULL 和 LOW 之间。

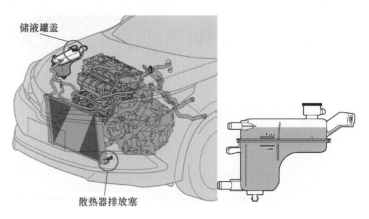

储液罐盖

散热器排放塞

图 7-38　发动机冷却液储液罐盖和散热器排放塞

（3）更换电驱动系统冷却液　更换电驱动系统冷却液，最初行驶 240 000km 更换一次，之后每行驶 80 000km 更换一次。排放电驱动系统冷却液，需拆卸电驱动系统冷却液排放塞，其位置如图 7-39 所示。

电驱动系统冷却液排放塞

图 7-39　电驱动系统冷却液排放塞

添加冷却液方法如下：

1）加入冷却液至储液罐上线。

2）用水泵测试仪操作水泵。

3）同时加注冷却液，保持液位在储液罐的上线。每操作 10min，停 1min。

4）重复 3）的操作直至空气排空完成。

注意：当水泵工作声音降低或者储液罐中没有气泡出现时，即空气排空完成。不要重新使用排出的冷却液，因为可能有杂质。

4. 检查喷洗液

检查喷洗液液位，通过查看液位表的液位观察孔进行检查。如果喷洗液液位位于底端第二个观察孔以下（LOW 位置），如图 7-40 所示，则需要添加喷洗液。

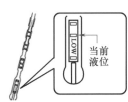

当前液位

图 7-40　检查喷洗液液位

注意：混合动力系统很热或工作时，请勿添加喷洗液。由于喷洗液含有酒精，如果溅到发动机等上可能会导致起火。

请勿使用喷洗液之外的液体，否则会导致车辆漆面出现斑纹。

5. 检查火花塞

检查并确认点火线圈总成插接器是否连接牢固。

6. 检查辅助蓄电池

检查辅助蓄电池外观时，需确保辅助蓄电池端子无腐蚀、连接部位未松动、无裂纹且固定夹未松动。检查辅助蓄电池电压是否正常，具体规定见表 7-11。

扫一扫

辅助蓄电池拆卸

表 7-11　检查辅助蓄电池

检测仪连接	条　件	规 定 状 态	结　　果
辅助蓄电池正极端子 辅助蓄电池负极端子	20℃，电源开关置于 OFF 位置	12.6 ~ 12.8V	辅助蓄电池正常
		12.2 ~ 12.4V	对辅助蓄电池充电
		11.7 ~ 12.0V	更换辅助蓄电池

7. 检查空气滤清器滤芯

拆卸空气滤清器滤芯，检查并确认空气滤清器滤芯是否严重脏污，可使用压缩空气枪清洁空气滤清器滤芯。如果严重脏污，需更换滤芯。

8. 检查燃油管路

检查燃油管路有无破裂、泄漏、接头松动和变形；检查燃油箱箍带有无松动或变形。

三、检查与维护底盘

1. 检查混合驱动桥油油位

检查混合驱动桥油有无泄漏。混合驱动桥油不足或过量可能会损坏驱动桥总成，所以需要检查混合驱动桥油油位是否正常。如果已更换或加注混合驱动桥油，则驾驶车辆后确保重新检查油位。混合驱动桥油位检查方法如下：

1）将车辆停放在水平地面上，使用10mm六角套筒扳手，从混合驱动桥总成上拆下加注油螺塞和衬垫，如图7-41所示。

2）检查并确认油位于距加注油螺塞开口下唇0～10mm，如图7-42所示。

3）如果油位低，则检查车辆有无漏油。如无泄漏，则需添加油液。

4）安装加注油螺塞至规定力矩，并更换新衬垫。

注意：加注油螺塞规定力矩为50N·m。

更换混合驱动桥油时需要拆卸混合驱动桥油液排放塞进行油液排放。

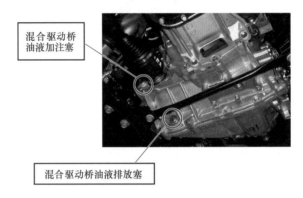

图7-41　混合驱动桥油液加注塞和排放塞

当需要加注混合驱动桥油时，加入方法和常见的手动变速器油液加注方法相同。

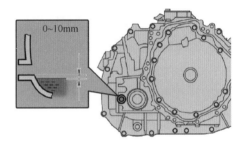

图7-42　确认混合驱动桥油液油位

2. 检查轮胎和进行轮胎换位

检查轮胎表面有无开口、损坏，磨损是否均匀，通过查看外胎磨损标记，检查有无胎面一侧过度磨损现象。外胎磨损标记由模压在各轮胎侧壁上的"△"标记表示，如图7-43所示，如有过度磨损，需更换轮胎。使用胎压表检查胎压，轮胎气压应在230kPa左右。

为使轮胎均匀磨损并延长使用寿命，需要每行驶约10 000km进行一次轮胎换位，换位方法如图7-44所示。

图7-43　外胎磨损标记

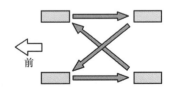

图7-44　轮胎换位方法

3. 检查制动系统

（1）检查制动管路　检查制动管路有无损坏、磨损、变形、破裂、扭曲、泄漏等

扫一扫

前轮拆卸

扫一扫

前轮制动器拆卸

笔　记

现象，检查所有卡夹是否紧固，连接处有无泄漏。

（2）检查前后轮制动器　检查前后轮制动器的制动衬块和制动盘。检查制动器制动缸缸孔和制动器活塞是否生锈和有无划痕。如有必要，需更换制动缸总成和制动器活塞。

1）检查盘式制动器衬块厚度：使用直尺或游标卡尺，测量盘式制动器衬块厚度。如果盘式制动器衬块厚度小于最小厚度，需更换盘式制动器衬块。

前盘式制动器衬块标准厚度为 12.0mm，最小厚度为 1.0mm。

后盘式制动器衬块标准厚度为 9.5mm，最小厚度为 1.0mm。

2）检查前盘式制动器衬块支撑板：确保前盘式制动器衬块支撑板有足够的反弹性，无变形、破裂或磨损，并清除所有的锈迹和污物。如有必要，需更换前盘式制动器衬块支撑板。

3）检查制动盘厚度：使用千分尺测量制动盘厚度，如果制动盘厚度小于最小值时，需更换制动盘。

前盘式制动盘标准厚度为 22.0mm，最小厚度为 19.0mm。

后盘式制动盘标准厚度为 9.0mm，最小厚度为 7.5mm。

4）检查制动盘轴向跳动：检查前桥轮毂轴承松弛度和前桥轮毂轴向跳动。如图 7-45 所示，使用指示表检查前桥轮毂分总成中心附近的松弛度，确保指示表垂直于测量表面，指示表的磁铁应远离前轮轮速传感器。如果松弛度超出最大值，则更换前桥轮毂分总成。

前桥轮毂轴承松弛度为 0.05mm。

如图 7-46 所示，使用指示表检查前桥轮毂螺栓外的前桥轮毂分总成表面的轴向跳动。如果轴向跳动超出最大值，则更换前桥轮毂分总成。

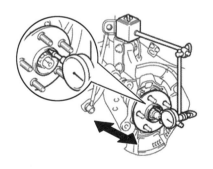
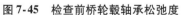
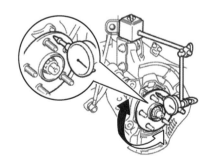

图 7-45　检查前桥轮毂轴承松弛度　　　图 7-46　检查前桥轮毂轴向跳动

前桥轮毂最大轴向跳动为 0.05mm。

如图 7-47 所示，使用 5 个轮毂螺母加载 103N·m 的力矩暂时安装在制动盘上，使用指示表在距离制动盘外缘 10mm 的地方测量制动盘轴向跳动。如果轴向跳动超过最大值，则改变制动盘的安装位置，以减小轴向跳动。如果改变安装位置后，轴向跳动仍超过最大值，则研磨制动盘。

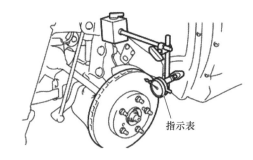

图 7-47　检查制动盘轴向跳动

笔 记

前制动盘最大轴向跳动为 0.05mm。

后制动盘最大轴向跳动为 0.15mm。

（3）检查制动液　检查制动液液位是否正常，如图 7-48 所示。

图 7-48　检查制动液液位

4. 检查转向系统

（1）检查方向盘　检查方向盘有无转向困难并发出异常噪声现象；检查并确认方向盘的自由行程是否正常。

检查方向盘自由行程的方法如下：

1）将电源开关置于 ON（READY）位置并确保车辆处于动力转向可以工作的状态。

2）停止车辆，并使前轮对准正前方。

3）向左和向右慢慢转动方向盘，检查方向盘的自由行程。

方向盘自由行程最大值为 30°。

（2）检查转向传动机构和转向机壳　检查并确认横拉杆接头没有任何间隙，检查转向机壳有无损坏。

（3）检查转向球节和防尘罩　检查转向球节有无过于松动，防尘罩有无损坏；检查防尘罩卡夹有无松动、破裂、扭曲或损坏；检查润滑脂有无泄漏。

5. 检查车轮螺母

检查车轮螺母有无松动或缺失，如有必要，拧紧螺母。

6. 检查车下有无液体

检查车下有无泄漏的燃油、机油、冷却液和其他液体。

7. 检查排气系统

检查排气系统有无严重腐蚀、破裂或支架松动。

8. 紧固底盘上的螺栓和螺母

紧固底盘上的螺栓和螺母，包括前后桥、悬架、传动系统、制动系统、发动机支架和其他底盘零件。

四、检查与维护车身和辅助系统

1. 车身检查

检查车身外板有无凹陷、划伤或锈蚀；检查车身底部有无锈蚀或损坏。

2. 检查车身零件的工作情况

检查并确认所有车门门锁工作正常，车门关闭正常；检查发动机罩辅助搭扣工作正常，关闭时牢固锁止；检查行李箱门能否正常打开和关闭；检查后视镜安装是否牢固；检查遮阳板能否自由移动，安装是否牢固；检查座椅安装是否牢固，是否牢固锁止，检查电动座椅各功能键是否正常，包括：滑动功能、座椅靠背倾角调节功能、升降功能、腰部支撑调节功能。检查座椅安全带有无损坏，能否正常工作；检查加速踏板操作是否顺畅，检查并确认踏板的阻力均匀且不会卡在某位置；检查制动踏板操作是否顺畅，是否具有正确的自由行程。将电源开关置于 ON 位置并检查制动助力器功能是否正常，检查制动系统指示灯是否正常。在安全的地方，检查并确认施加制动时车辆不向某侧跑偏。检查驻车制动杆是否具有正确的行程，在缓坡上确认是否仅用驻车制动就可停稳车辆。

制动踏板距离地板的高度正常值为 153.1 ~ 163.1mm。若踏板高度不正确，需进行调节。

3. 检查车灯

检查并确认前照灯、制动灯、尾灯、转向信号灯和其他车灯均能正常点亮或闪烁，同时检查其照明亮度是否足够。检查前照灯对光是否准确。

4. 检查警告灯和蜂鸣器

检查并确认所有警告灯和蜂鸣器工作是否正常。

5. 检查风窗玻璃

检查风窗玻璃是否有划痕、凹痕或磨损；检查刮水器刮片有无磨损或破裂。如有

笔 记

必要，需进行更换。检查并确认喷洗液是否正好喷射到刮水器工作范围的中心。

6. 检查和更换空调滤清器

空调滤清器需定期进行更换，以保持空调效能。空调滤清器拆卸和更换方法：

1）关闭电源开关。

2）打开杂物箱，滑下阻尼器。

3）向里推杂物箱的外侧以脱开卡爪，然后拉出杂物箱并脱开下部卡爪。

4）拆卸滤清器盖。

5）拆下空调滤清器并用新的更换，注意滤清器的"UP"标记应朝上，如图7-49所示。

图7-49　安装空调滤清器

五、路试检查

检查发动机和底盘有无异常噪声；检查并确认车辆行驶过程中有无跑偏；检查并确认制动器工作是否正常、有无拖滞现象。

学习任务 4 检修发动机及其控制系统

【学习目标】

1. 了解卡罗拉混合动力电动汽车发动机的规格和主要特征。
2. 掌握发动机的主要结构组成和特点。
3. 掌握发动机各控制系统的功用。
4. 掌握发动机故障排除的基本程序。
5. 检修发动机典型故障案例。

【任务描述】

客户张先生的卡罗拉双擎混合动力电动汽车出现了发动机无法起动故障，仪表盘上故障提示灯一直点亮，使用故障诊断仪读取故障码为 P3191（发动机不起动故障），现作为一名维修技师请你排除此故障。

【知识准备】

一、发动机规格和主要特征

卡罗拉混合动力电动汽车发动机的具体规格见表 7-1，发动机的主要特征见表 7-12。

表 7-12 卡罗拉混合动力电动汽车发动机的主要特征

系　　　统	项　　　目
发动机特点	高膨胀比的阿特金森循环 铝制气缸体 曲轴偏置 多刺状缸套 屋脊形燃烧室 每个活塞裙部都涂有树脂涂层 低张力活塞环

系　　统	项　　目
气门机构	带有 VVT-i 液压气门间隙调节器 滚子气门摇臂 正时链条及张紧器
润滑系统	使用更换滤芯式机油滤清器
冷却系统	电动水泵
进排气系统	塑料的进气歧管 无拉索型节气门 不锈钢排气管及消声器 两组三元催化器 两通道废气控制系统
燃油系统	无燃油回油管、12 孔型喷油器、快速插头类型
点火系统	DIS（直接点火系统） 长距铱金火花塞
排放控制系统	燃油蒸气排放控制系统
发动机控制系统	ETCS-i（智能电子节气门控制系统） 爆燃传感器

笔记

二、发动机的主要结构组成和特点

1. 燃油系统

发动机燃油系统如图 7-50 所示，主要由燃油分配管、喷油器、燃油箱、燃油泵、快速插头等组成。

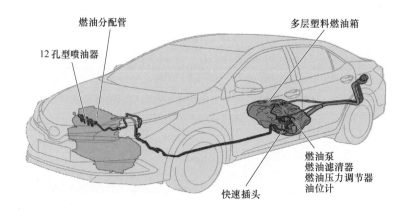

图 7-50　发动机燃油系统

图 7-51 所示为燃油系统油路，该车燃油系统没有从燃油分配管到燃油箱之间的回油管，它将燃油滤清器、燃油压力调节器总成、炭罐、燃油表传感器总成和燃油泵集

成于一体，可中断燃油从发动机部位回流，从而防止燃油箱总成内的温度升高，有效减少了燃油蒸气排放；喷油器采用 12 孔型喷油器，缩短了喷油器总成到进气阀的距离，可防止燃油黏附在进气口壁上，以提高燃油的雾化程度，减少碳氢化合物（HC）的排放；燃油箱为多层塑料燃油箱；采用快速插接器连接燃油管和燃油软管，以实现良好的维修便利性。

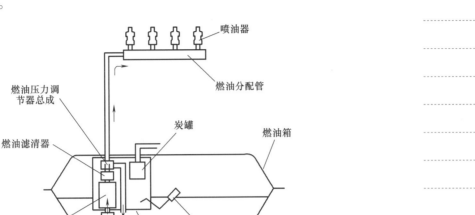

图 7-51　发动机燃油系统油路

（1）燃油箱　燃油箱采用多层塑料燃油箱总成，从而减轻了重量。燃油箱总成如图 7-52 所示，由 6 层 4 种材料制成。在燃油箱最底部有一个排放标记，如图 7-53 所示，拆卸报废车辆时，在排放标记处钻孔以排空燃油。

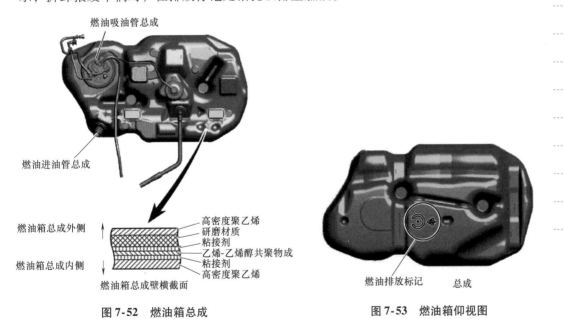

图 7-52　燃油箱总成

图 7-53　燃油箱仰视图

（2）燃油泵模块　燃油泵模块由燃油泵、燃油滤清器、燃油压力调节器总成、燃油表传感器总成和炭罐组成，如图 7-54 所示。

（3）燃油分配管　燃油分配管由压制钢板制成，在丰田发动机上，怠速转速高使燃油输油脉动彼此取消，从而抑制了脉动。因此，与常规发动机不同，不需要分离式燃油压力脉动阻尼器。

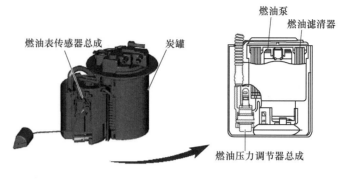

图 7-54　燃油泵模块

2. 润滑系统

发动机润滑系统如图 7-55 所示，主要由机油滤清器、机油泵、凸轮轴正时机油控制阀等组成。通过图中可以看出，机油泵安装在油底壳内，曲轴经 2 号链条驱动机油泵，机油泵上采用了减压阀，防止压力过高，并可减少磨损。所有机油均流经机油滤清器，润滑油路经过充分加压后，机油被强行压入气缸盖分总成上部，然后经过气缸盖分总成内的机油回油孔回流至油底壳。凸轮轴正时机油控制阀的功用是控制油液流向并向 VVT-i 控制器供油。1 号机油喷嘴安装于气缸体分总成内，用于冷却并润滑活塞，且总成内包含单向球，可在机油压力低时阻止机油回流，防止发动机中的总机油压力下降。

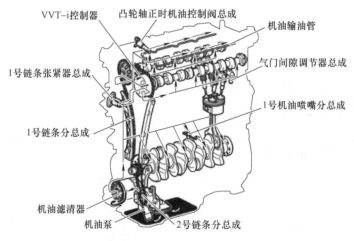

图 7-55　发动机润滑系统

3. 冷却系统

该车发动机冷却系统如图 7-34 所示，主要由储液罐、发动机水泵、散热器等组成。其冷却系统取消了带传动，采用了电动水泵，从而减少了磨损和减轻了重量。节温器位于进水口壳上以保持发动机有适当的温度。

4. 进排气系统

发动机进气系统如图 7-56 所示，主要由进气质量空气流量计分总成、进气口总成、节气门体和空气滤清器组成，其中进气质量空气流量计分总成内含有进气温度传感器。该车进气系统采用塑料进气歧管以减轻重量，采用无拉索型节气门体，在此节气门体内节气门位置传感器和节气门控制电动机集成为一体，以实现精确的节气门控制。

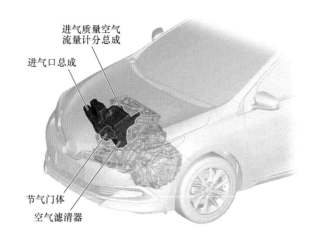

图 7-56　发动机进气系统

发动机排气系统如图 7-57 所示。

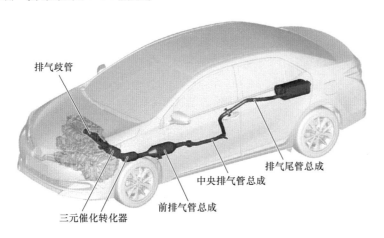

图 7-57　发动机排气系统

5. 发动机控制系统

发动机控制系统如图 7-58 所示，主要包括顺序多点燃油喷射（SFI）、电子点火提前（ESA）、智能电子节气门控制系统（ETCS-i）、智能可变气门正时（VVT-i）、冷却风扇控制、水泵控制、燃油泵控制、空燃比传感器和氧传感器加热器控制、燃油蒸气排放控制、失效保护和诊断。

（1）顺序多点燃油喷射（SFI）　该车采用顺序多点燃油喷射（SFI）系统，每个气缸设置一个喷油器，各个喷油器分别向各气缸进气道（进气管前方）喷油，是目前最为普遍的喷射系统。发动机控制模块（ECM）根据来自各种传感器的信号对其进行最佳控制，以适应发动机的工作情况。

（2）电子点火提前（ESA）　电子点火提前（ESA）系统是发动机控制模块

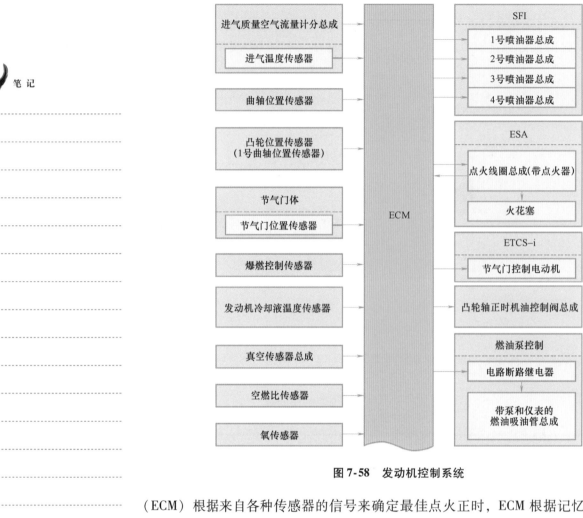

图 7-58　发动机控制系统

（ECM）根据来自各种传感器的信号来确定最佳点火正时，ECM 根据记忆中存储的最佳点火正时与发动机工况相对应，计算出点火正时，并将点火信号发送至点火器。最佳点火正时由发动机转速和进气量决定。

（3）智能电子节气门控制系统（ETCS-i）　根据加速踏板输入、发动机和车辆状况，优化控制节气门开度。

（4）智能可变气门正时（VVT-i）　ECM 根据发动机转速、进气量、节气门位置和发动机冷却液温度计算所有行驶状态下的最佳气门正时，对凸轮轴进行最佳气门正时控制。VVT-i 系统用于将进气凸轮轴控制在 41°范围内，如图 7-59 所示，以提供最适合发动机工作状态的气门正时，这增大了发动机所有转速范围内的转矩，提高了燃油经济性并减少了废

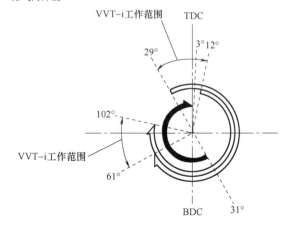

图 7-59　VVT-i 工作范围

气排放。

（5）冷却风扇控制 根据发动机冷却液温度、空调工作情况和电驱动系统冷却液温度，通过来自 ECM 的信号控制冷却风扇工作情况，以使风扇以最佳的速度运行。

（6）水泵控制 ECM 根据发动机冷却液温度、车速和发动机转速等信号控制发动机水泵总成工作情况，如图 7-60 所示，ECM 接收来自水泵驱动器电路的水泵电动机转速脉冲信号，然后根据工作情况确定水泵电动机转速，通过调节发动机冷却液循环量以适应发动机工作状态。

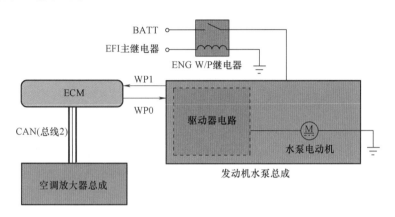

图 7-60 水泵控制

（7）燃油泵控制 通过来自 ECM 的信号控制燃油泵的运行。采用了燃油切断功能，当任一空气囊展开时，ECU 检测到来自空气囊传感器总成的空气囊展开信号，ECM 接收到此信号后，断开 C/OPN 继电器，使燃油泵停止工作，如图 7-61 所示。

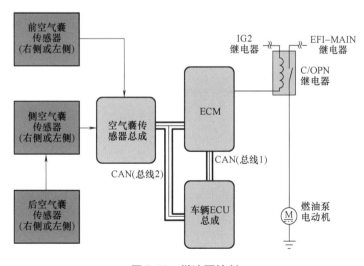

图 7-61 燃油泵控制

（8）空燃比传感器和氧传感器加热器控制 ECM 使空燃比传感器或氧传感器的温度保持在适当水平以提高传感器准确检测氧浓度的能力。

（9）燃油蒸气排放控制 ECM 根据发动机工作状态控制炭罐内燃油蒸气排放（HC）的清污气流。

（10）失效保护 当检测到任一传感器故障时，如果 ECM 继续以正常方式控制，则可能会导致发动机故障或其他故障。为防止发生此类问题，ECM 的失效保护功能将按照存储器内存储的数据使发动机继续工作，或在预测到危险时停止发动机。

（11）诊断   ECM 检测到故障时，记录该故障和与该故障有关的信息。此外组合仪表总成中的故障指示灯会点亮或闪烁以告知驾驶人。ECM 也将存储故障的诊断故障码（DTC）。

三、发动机故障维修基本程序

素质养成：培养自身故障诊断的分析方法，锻炼故障诊断的逻辑思维。

笔 记

当发动机出现故障，其故障排除基本程序如图 7-62 所示。

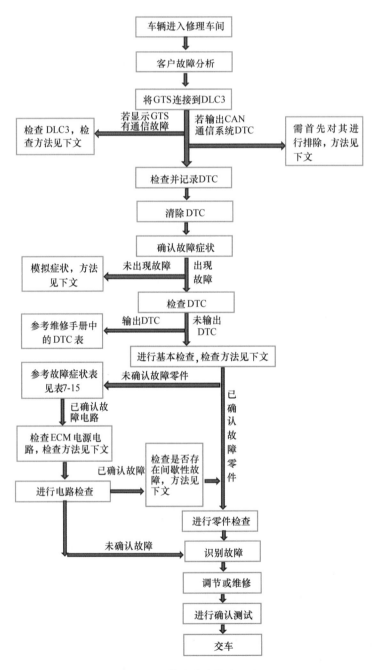

图 7-62   故障排除基本程序

1. 客户故障分析

为了查明故障症状，维修人员需向客户询问故障发生时的症状和条件，尽可能多的收集信息。故障分析的要点，可从表 7-13 所示的方面入手。

笔 记

表 7-13　故障分析要点

何物	车型、系统名称
何时	日期、时间、发生频率
何地	路况
在什么条件下	驾驶条件、天气条件
如何发生	故障症状

2. DLC3 检查方法

DLC3 为诊断数据链路连接器，各系统数据和诊断故障码（DTC）可以从此连接器上进行读取。

如果 GTS（丰田诊断仪 Global TechStream）已连接到 DLC3（诊断数据链路连接器），电源开关置于 ON（IG）位置并打开 GTS 后，GTS 仍无法与 ECU 进行通信，则车辆或 GTS 存在故障。将 GTS 连接至其他车辆后可以通信，则检查 DLC3 的总线（＋）、CANH 和 CANL 线路、车辆 ECU 电源电路，其端子名称和编号如图 7-63 所示，检测方法见表 7-14。

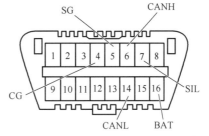

图 7-63　DLC3 端子名称和编号

表 7-14　DLC3 检测方法

符　　号	端子编号	名　　称	参考端子	结　　果	条　　件
SIL	7	总线路"＋"线	5- 信号搭铁	产生脉冲	传输过程中
CG	4	底盘搭铁	车身搭铁	1Ω 或更小	始终
SG	5	信号搭铁	车身搭铁	1Ω 或更小	始终
BAT	16	辅助蓄电池正极	车身搭铁	11 ~ 14V	始终
CANH	6	CAN 高电平线路	14- CANL	54 ~ 69Ω	电源开关 OFF
			辅助蓄电池正极	6kΩ 或更大	电源开关 OFF
			4- CG	200Ω 或更大	电源开关 OFF
CANL	14	CAN 低电平线路	辅助蓄电池正极	6kΩ 或更大	电源开关 OFF
			4- CG	200Ω 或更大	电源开关 OFF

3. 检查和清除 DTC 方法

将 GTS 连接到 DLC3，将电源开关置于 ON（IG）位置，打开 GTS，进入菜单：Powertrain/Engine and ECT/Trouble Codes，检查 DTC，并将其记录。清除 DTC，进入菜单：Powertrain/Engine and ECT/Clear DTCs。

4. 模拟症状

小贴士

　　故障排除过程中最困难的情况是不出现故障症状，如果在故障排除时不进行故障症状确认，就可能导致重要维修被忽略，并导致错误或延误。在这种情况下，需进行全面的故障分析，所模拟的条件和环境尽量与客户车辆出现故障时的条件和环境相同或相似。例如：对于只有发动机处于冷机状态或在不平路面上行驶时才会出现的故障，如果只在发动机暖机或车辆处于静止状态时进行症状检查，则无法确定这些故障。

笔记

　　故障症状模拟测试中，必须确认故障症状和故障部位或故障零件。首先根据症状缩小可能出现故障的电路范围，然后连接诊断仪并进行症状模拟测试，判断被测电路是否存在故障。症状模拟的方法有振动法、加热法、喷水法、高电气负载法。振动法是当故障可能由振动引起时采用的方法，如图 7-64 所示。加热法是当故障可能发生在可疑部位受热时采用的方法，可用电吹风或类似装置加热可疑部件。喷水法是指故障可能发生在雨天或非常潮湿的条件下采用的方法，如图 7-65 所示。高电气负载法是指故障可能发生在电气负载高时采用的方法，此时可打开鼓风机、前照灯、除雾器等其他电气负载。

轻轻振动

轻轻振动　　　　轻轻晃动

图 7-64　振动法

图 7-65　喷水法

5. 基本检查方法

　　通过 DTC 检查未能确认故障时，应对所有可能引起故障的电路进行故障排除。发动机基本检查方法可以快速有效地找出故障部位，检查方法如图 7-66 所示。

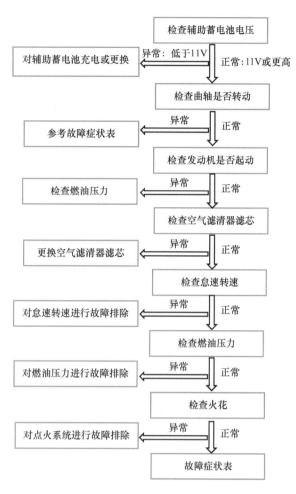

图 7-66　基本检查方法

6. 故障症状表

使用故障症状表见表 7-15，有助于确定故障症状的原因，可根据所列顺序检查可疑部位，但要注意，检查可疑部位前，先要检查与此系统有关的熔丝和继电器。

表 7-15　故障症状表

症　状	可疑部位或故障
发动机曲轴不能转动（不起动）	混合动力控制系统
	整流器输出电路
无初始燃烧（不起动）	ECM 电源电路
	整流器输出电路
	曲轴位置传感器
	气门正时（检查正时链条是否松动或者跳齿）
	点火系统
	燃油泵控制电路
	喷油器电路
发动机曲轴转动正常但起动困难	燃油泵控制电路
	发动机冷却液温度传感器

（续）

症　状	可疑部位或故障
发动机曲轴转动正常但起动困难	点火系统
	压缩压力
	喷油器总成
	喷油器电路
	进气系统
	节气门体
	PVC 阀和软管
	ECM 电源电路
发生不完全间歇燃烧（不起动）	燃油泵控制电路
	燃油泵
	燃油管路
	点火系统
	喷油器电路
	ECM 电源电路
	曲轴位置传感器
	气门正时（检查正时链条是否松动或跳齿）
发动机转速高	节气门体
	进气系统
	ECM 电源电路
	发动机冷却液温度传感器
	曲轴箱强制通风（PCV）系统
发动机转速低（怠速不良）	节气门体
	燃油泵控制电路
	燃油泵
	进气系统
	PCV 系统
怠速不稳	压缩压力
	点火系统
	喷油器电路
	ECM 电源电路
	燃油泵控制电路
	燃油泵
	燃油管路
	节气门体
	进气系统
	PCV 系统
	空燃比传感器
	加热型氧传感器
	进气质量空气流量计分总成
	进气歧管绝对压力传感器
	爆燃控制传感器

（续）

症　状	可疑部位或故障
抖动（急速不稳）	PCV 系统
	空燃比传感器
	进气质量空气流量计分总成
喘抖、加速不良	燃油管路
	燃油泵
	气门正时（检查正时链条是否松动或跳齿）
	进气质量空气流量计分总成
	节气门体
	爆燃控制传感器
	制动优先系统
喘振（操纵性能差）	燃油管路
	燃油泵控制电路
	燃油泵
	点火系统
	喷油器总成
发动机起动不久后熄火	进气质量流量计分总成
	进气系统
	进气歧管绝对压力传感器
	燃油管路
	气门正时（检查正时链条是否松动或跳齿）

7. 检查发动机控制模块（ECM）电源电路

ECM 在实车位置如图 7-67 所示，其电路如图 7-68 所示，检查 ECM 电源电路的方法如图 7-69 所示。在进行检查前，需检查与此系统相关电路的熔丝。

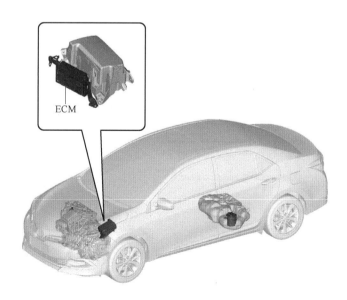

图 7-67　ECM 的位置

✒ 笔 记

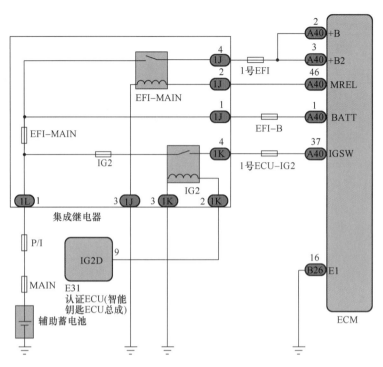

图 7-68   ECM 的电路

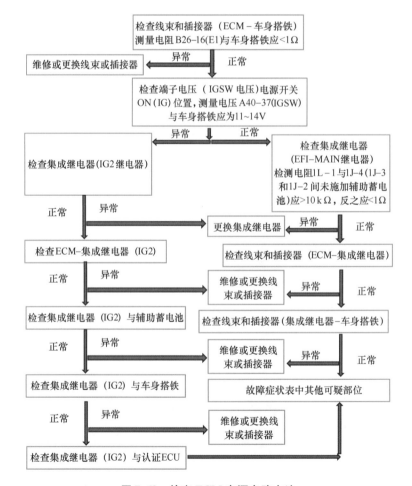

图 7-69   检查 ECM 电源电路方法

8. 检查是否存在间歇性故障

检查有无间歇性故障，车辆在检查模式下更容易检测到间歇性故障，使用 GTS 将 ECM 从正常模式切换至检查模式，进行模拟测试。

四、检修发动机典型故障案例

1. 检修与混合动力电动汽车控制系统失去通信故障

发动机控制模块（ECM）与混合动力电动汽车电子控制单元（ECU）进行通信。当 ECM 未接收到来自 ECU 的数据时，发生 ECM 与车辆 ECU 失去通信故障。

（1）故障现象　维修技师发现故障指示灯已点亮，故障指示灯如图 7-70 所示，电源开关可置于 ON（IG）位置，GTS 和 ECU 可进行通信，并显示诊断故障码 U0293。

笔 记

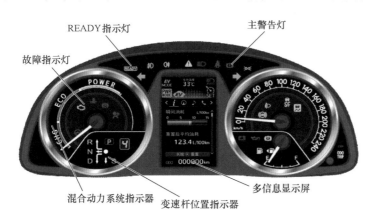

图 7-70　故障指示灯

（2）故障排除方法　当出现以上故障现象时，需要对 CAN 通信系统进行故障排除。如果 CAN 总线断路、CAN 总线（CANH 和 CANL）之间短路或 CAN 总线对辅助蓄电池正极或搭铁短路，则可能会输出通信故障的信息，此时需要检查 CAN 总线的电阻。

小贴士

　　测量 CAN 总线电阻之前，将电源开关置于 OFF 位置，并在不操作钥匙、任何开关和关闭车门的情况下使车辆静置 1min 或更长时间。随后断开辅助蓄电池负极端子电缆并在测量电阻之前使车辆静置 1min 或更长时间。操作电源开关、任何其他开关或车门可激活相关的 ECU 和传感器与 CAN 通信，该通信将导致电阻值发生变化。

1）断开辅助蓄电池负极端子电缆。

2）检查 CAN 总线。检查 CAN 总线，需要分别对总线 2 主线、总线 3 主线和总线 1 主线进行检查。下面以检查总线 2 主线为例进行说明。

测量总线 2 主线 CA4H 和 CA4L 端子电阻，如图 7-71 所示，使用万用表测量 E43-18（CA4H）和 E43-17（CA4L）之间的电阻，正常值为 54～69Ω。若测量结果正常，需要检查总线 2 是否对搭铁短路（CA4H、CA4L—GND）。如测量的阻值 >70Ω 或更大，则总线 2 的主线可能存在断路，更换线束。如测量的阻值 <54Ω，则总线 2 主线或总线 2 支线之间可能短路。

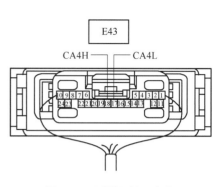

图 7-71　测量总线 2 主线
CA4H 和 CA4L 端子电阻

检查总线 2 是否对搭铁短路（CA4H、CA4L—GND），检查方法如图 7-72 所示，分别测量 E43-18（CA4H）与 E43-10（GND）之间和 E43-17（CA4L）与 E43-10（GND）之间的电阻，如果阻值 >200Ω 或更大，则表示正常，否则总线 2 对搭铁短路，更换线束。

检查总线 2 是否对辅助蓄电池正极短路（CA4H、CA4L—BATT），检查方法如图 7-73 所示，分别测量 E43-18（CA4H）与 BATT 之间和 E43-17（CA4L）与 BATT 之间的电阻，如果阻值 >6kΩ 或更大，则表示正常，否则总线 2 对辅助蓄电池正极短路，更换线束。

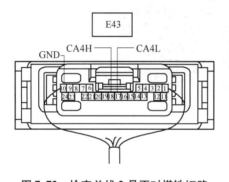

图 7-72　检查总线 2 是否对搭铁短路

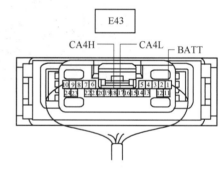

图 7-73　检查总线 2 是否对辅助蓄电池正极短路

3）检查是否再次输出 DTC。

4）确认故障是否已成功排除。

2. 检修发动机不起动故障

发动机控制模块（ECM）接收来自混合动力电动汽车 ECU 的信号，例如所需的发动机转矩、发动机目标转速和发动机起动状态，并根据发动机目标转速和所需转矩控制发动机输出功率以及发动机起动和停止。

（1）故障现象　当发动机不起动时，故障提示灯（MIL）点亮，并显示诊断故障码 P3191。

小贴士

如果 MIL 或主警告灯点亮，则立即停止路试。如果发动机不工作，此时不会对动力蓄电池进行充电，所以仅能短距离驾驶车辆。

（2）故障排除方法

1）检查燃油是否短缺。

小贴士

如果车辆以前曾耗尽燃油，则可能输出此故障码，如果未加注足够燃油，则可能再次输出此故障码。如果由于车辆耗尽燃油而无法起动发动机，则加注燃油直至燃油油位警告灯熄灭。

2）清除 DTC。

3）检查进气系统。检查进气系统是否存在真空泄漏。

4）检查发动机起动或高速空转时是否有噪声或振动。

5）检查燃油压力。使用燃油压力表测量燃油压力，标准燃油压力为 304～343kPa。

6）检查节气门体。如图 7-74 所示，使用万用表测量端子 1 和端子 2 之间的电阻，正常值应为 0.3～100Ω，如果不符合规定，应更换带电动机的节气门体。

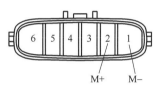

图 7-74　检查节气门体

7）检查进气质量空气流量计分总成。进气质量空气流量计分总成，如图 7-75 所示。首先目视检查进气质量空气流量计分总成的白金热丝（加热器）和温度传感器（热敏电阻）上是否有异物。其次使用万用表测量端子 1 和端子 2 的电阻值，如图 7-76 所示，在 −20℃时阻值应为 13.6～18.4kΩ，20℃时阻值应为 2.21～2.69kΩ，60℃时阻值应为 0.49～0.67kΩ，如若不符合规定，则更换进气质量空气流量计分总成。

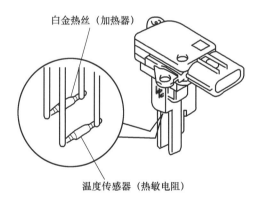

图 7-75　进气质量空气流量计分总成

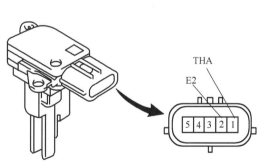

图 7-76　检查进气质量空气流量计分总成

8）检查发动机冷却液温度传感器。拆卸冷却液温度传感器，将传感器分别置于 20℃和 80℃的水中，使用万用表测量端子 1 和端子 2 之间的电阻，如图 7-77 所示，如果阻值分别为 2.32～2.59kΩ 和 0.310～0.326kΩ，则表示冷却液温度传感器工作正常，否则应更换。

9）检查曲轴位置传感器。检查曲轴位置传感器，如图 7-78 所示，使用万用表测量端子 1 和端子 2 之间的电阻，冷态时阻值应为 1.63～2.74Ω，热态时应为 2.065～3.225Ω。如果测量结果不符合规定，应更换曲轴位置传感器。

10）更换凸轮轴位置传感器。

笔记

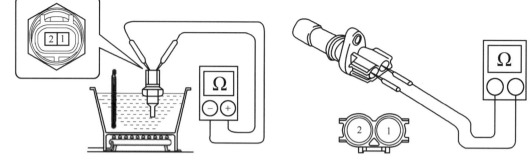

图 7-77 检查发动机冷却液温度传感器   图 7-78 检查曲轴位置传感器

笔 记

11）检查是否再次输出 DTC。如果未输出 DTCP3191，则故障已排除；如果仍输出 DTCP3191 则需更换 ECM。

12）确认故障是否已成功排除。

学习任务5 检修动力蓄电池及其控制系统

【学习目标】

1. 掌握动力蓄电池系统的主要部件结构及其功用。
2. 掌握动力蓄电池系统的控制策略。
3. 掌握检查和维修动力蓄电池部件的方法。
4. 掌握更换动力蓄电池的方法。
5. 掌握检修动力蓄电池的典型故障。

【任务描述】

客户张先生的卡罗拉双擎混合动力电动汽车出现了与动力蓄电池传感器模块失去通信故障，客户反映整车输出功率减小，仪表盘上主警告灯点亮，故障指示灯点亮，使用故障诊断仪读取故障码为 U029A87，现作为一名维修技师请你排除此故障。

素质养成：通过为客户排除故障，培养自身对客户负责的工作态度和良好的职业道德。

【知识准备】

动力蓄电池系统如图 7-79 所示，它是整车的主要动力能源之一，为整车驱动和其他电器提供电能，安装在后排座椅与行李箱之间。该车采用塑料容器型的密封式金属氢化物镍蓄电池，其具有高功率密度、轻量化结构和长使用寿命的特点。

笔记

图 7-79 动力蓄电池系统

一、动力蓄电池系统的结构

动力蓄电池系统主要由动力蓄电池（蓄电池组）、接线盒总成、蓄电池鼓风机总成、维修开关、蓄电池控制单元、蓄电池温度传感器、蓄电池进气温度传感器等部件组成，如图 7-80 所示。

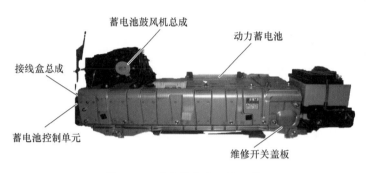

图 7-80　动力蓄电池系统组成

1. 动力蓄电池

动力蓄电池是由 28 个单独的蓄电池组组成，如图 7-81 所示，其通过 2 个母线模块串联在一起。每个蓄电池组均由 6 个单体蓄电池组成，动力蓄电池总共有 168 个单体蓄电池，每个单体蓄电池标称电压为 1.2V，所以动力蓄电池的标称电压为 201.6V。动力蓄电池的容量为 6.5A·h。

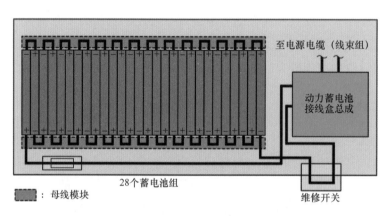

图 7-81　蓄电池模块

2. 接线盒总成

接线盒总成如图 7-82 所示，包括系统主继电器（SMR）、预充电电阻器和蓄电池电流传感器。

SMR 主要功用是根据车辆 ECU 总成的信号连接和断开动力蓄电池的继电器。SMR 内共配备有 3 个继电器，分别为 SMRB、SMRG、SMRP，如图 7-83 所示，其中 SMRB 用于控制蓄电池正极（＋）侧，SMRG 用于控制蓄电池负极（－）侧，SMRP 用于控制预充电。

图 7-82 接线盒总成

笔 记

图 7-83 SMR3 个继电器

接线盒总成内置的蓄电池电流传感器，主要用于检测动力蓄电池充电和放电电流，如图 7-84 所示。车辆 ECU 总成根据通过蓄电池控制单元接收的电流信息，对混合动力系统进行优化控制，从而使动力蓄电池的 SOC 始终处于规定范围内。

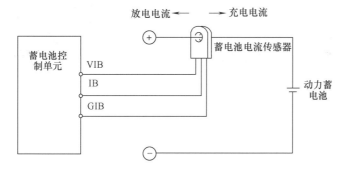

图 7-84 蓄电池控制单元接收电流传感器信息

3. 维修开关

维修开关是连接在动力蓄电池高压电路中的部件，在执行任何检查或维修前，可用于手动切断高压电路。

注意：系统处于 ON（READY）状态下，切勿拆下维修开关。为确保安全，拆卸维修开关前，确保将电源开关置于 OFF 位置。

维修开关把手上安装有互锁开关，如图 7-85 所示。当拆卸维修开关把手时，互锁开关未接合，动力蓄电池电路断开。

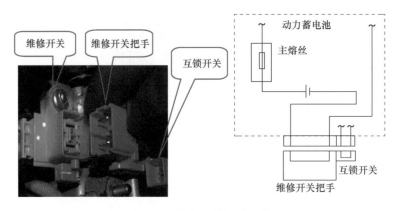

图 7-85　维修开关互锁开关

扫一扫

蓄电池鼓风机拆卸

4. 蓄电池鼓风机总成

蓄电池鼓风机总成作为动力蓄电池的专用冷却系统，确保了动力蓄电池的正常工作，从而使其在反复充电和放电循环过程中不受产生的大量热量影响。蓄电池鼓风机总成主要由无刷电动机、冷却风扇、进气管组成，如图 7-86 所示。

图 7-86　蓄电池鼓风机总成

5. 蓄电池控制单元

蓄电池控制单元如图 7-87 所示，其内部电路图如图 7-88 所示，它的主要功用有以下几方面：

1）用于监视动力蓄电池的状态，如电压、电流和温度。

2）检测执行冷却系统控制所需的鼓风机转速。

3）配有泄漏检测电路，以检测动力蓄电池或高压电路的漏电情况。

4）将以上这些信息转化为数字信号，通过串行通信将其传输至车辆 ECU 总成。

6. 蓄电池温度传感器和蓄电池进气温度传感器

动力蓄电池系统内部含有 3 个蓄电池温度传感器和 1 个蓄电池进气温度传感器，

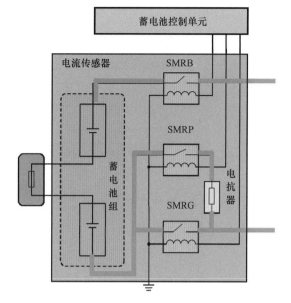

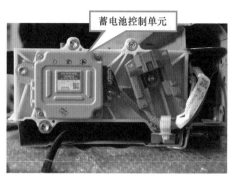

图 7-87　蓄电池控制单元　　　　　　图 7-88　蓄电池内部电路示意图

如图 7-89 所示，车辆 ECU 总成根据蓄电池控制单元接收的温度信息对冷却系统进行优化控制，从而使动力蓄电池温度处于规定范围内。

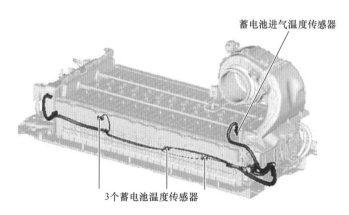

图 7-89　蓄电池温度传感器和蓄电池进气温度传感器

二、动力蓄电池系统控制策略

1. 监控蓄电池状态

蓄电池控制单元不断地监测蓄电池的荷电状态（SOC）、温度、电压、电流以及是否泄漏，并将这些信息发送到车辆 ECU。一旦监测到有故障，便会限制或停止充放电，以保护蓄电池。

车辆在行驶过程中，蓄电池在加速期间给电机 MG2 供电，减速时由再生制动充电，蓄电池反复经历充放电过程。蓄电池控制单元将电流传感器检测到的持续、反复充电和放电累计的电流，发送到车辆 ECU，车辆 ECU 将根据此数据控制充、放电，从而使蓄电池的 SOC 始终保持在稳定水平，将 SOC 控制在上限和下限之间的区域内，如

图 7-90 所示。

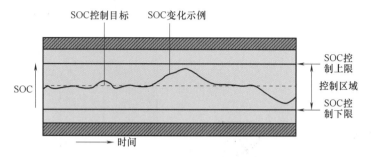

图 7-90   监控蓄电池状态

笔 记

2. 监测绝缘电阻

在蓄电池控制单元内置有泄漏检测电路，如图 7-91 所示。泄漏检测电路用于持续监测高压电路和车身搭铁之间的绝缘电阻。泄漏检测电路有一个交流源，会产生交流波，并流入高压电路。绝缘电阻越小，检测电阻器的电压就越低，且交流波也越低。根据交流波的波幅，从而监测绝缘电阻值。车辆 ECU 总成便是根据来自蓄电池控制单元的信息确定绝缘电阻有无减小。

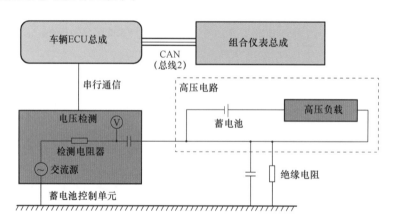

图 7-91   监测绝缘电阻

3. 碰撞过程中切断高压电路

在车辆发生正面碰撞、侧面碰撞或侧后碰撞过程中，车辆 ECU 总成接收来自空气囊传感器总成的空气囊展开信号，它会通过切断系统主继电器来切断电源，以确保安全，如图 7-92 所示。

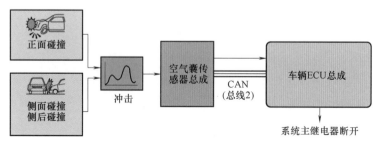

图 7-92   碰撞过程中切断高压电路

4. 蓄电池冷却系统控制

蓄电池在重复充放电过程中会产生热量，为确保其工作正常，整车为蓄电池配备了专用的冷却系统。冷却系统的部件布置如图 7-93 所示。

笔记

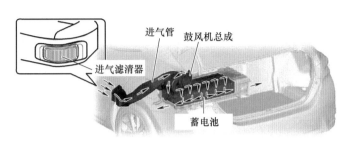

图 7-93　蓄电池冷却系统

当蓄电池内的 3 个温度传感器和 1 个进气温度传感器检测到蓄电池温度上升时，ECU 就会连续起动冷却风扇，鼓风机总成内的冷却风扇通过后排座椅左侧的进气口吸出车内空气，经过进气滤清器过滤，流经进气管，从蓄电池的顶部进入对蓄电池组进行冷却，从而将蓄电池的温度维持在规定范围内。

三、检查和维修动力蓄电池部件

1. 检查和维修蓄电池接线盒总成

（1）检查 SMRB　检查 SMRB 使用万用表测量端子电阻，测量方法见表 7-16，端子位置如图 7-94 所示。如果不符合规定，则更换接线盒总成。

表 7-16　检查 SMRB 方法

连接测试仪器	条　件	规 定 状 态
万用表测量端子 1 和端子 2 电阻值	未在端子 SMRB 和 GND 之间施加辅助蓄电池电压	10kΩ 或更大
	在端子 SMRB 和 GND 之间施加辅助蓄电池电压	小于 1Ω
万用表测量 SMRB 和 GND 电阻值	-40~80℃	20.6~40.8Ω

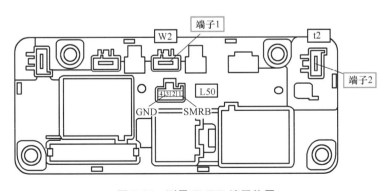

图 7-94　测量 SMRB 端子位置

（2）检查 SMRG　检查 SMRG 使用万用表测量端子电阻，测量方法见表 7-17，端子位置如图 7-95 所示。如果不符合规定，则更换接线盒总成。

表7-17　检查 SMRG 方法

连接测试仪器	条　　件	规 定 状 态
万用表测量端子 1 和端子 2 电阻值	未在端子 SMRG 和 GND 之间施加辅助蓄电池电压	10kΩ 或更大
	在端子 SMRG 和 GND 之间施加辅助蓄电池电压	小于 1Ω
万用表测量 SMRG 和 GND 电阻值	−40~80℃	20.6~40.8Ω

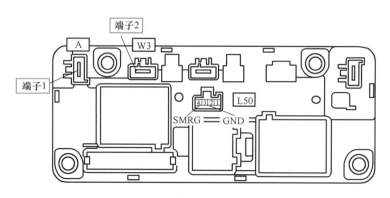

图 7-95　测量 SMRG 端子位置

（3）检查 SMRP　检查 SMRP 使用万用表测量端子电阻，测量方法见表 7-18，端子位置如图 7-96 所示。如果不符合规定，则更换接线盒总成。

表7-18　检查 SMRP 方法

连接测试仪器	条　　件	规 定 状 态
万用表测量端子 1 和端子 2 电阻值	未在端子 SMRP 和 GND 之间施加辅助蓄电池电压	10kΩ 或更大
	在端子 SMRP 和 GND 之间施加辅助蓄电池电压	24.3 和 29.7Ω
万用表测量 SMRP 和 GND 电阻值	−40~80℃	140~290Ω

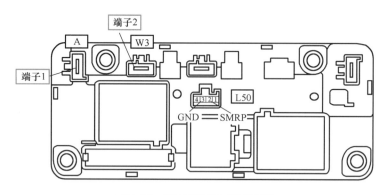

图 7-96　测量 SMRP 端子位置

2. 检查维修开关把手

检查维修开关把手需使用万用表测量如图 7-97 所示两端子之间的电阻，正常为小于 1Ω。如果不符合规定，则更换维修开关把手。

3. 检查蓄电池端子盒

检查蓄电池端子盒需使用万用表测量如图 7-98 所示两端子之间的电阻，正常为小

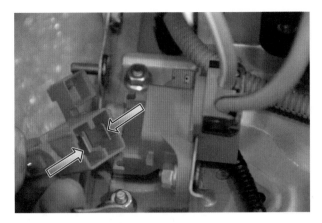

图 7-97　测量维修开关把手两端子间电阻

于 1Ω。如果不符合规定，则更换。

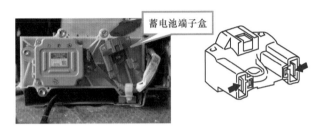

图 7-98　测量蓄电池端子盒间电阻

4. 检查蓄电池鼓风机滤网

如果在交通拥挤或尘土过多的区域驾驶车辆，或后排座椅使用频繁，则鼓风机滤网可能阻塞。必要时要清洁或更换鼓风机滤网。目视检查滤网有无阻塞或损坏，清洁滤网时不要使用水或其他液体，仅可用压缩空气，如图 7-99 所示，使用喷气枪距离滤网至少 30mm。

图 7-99　清洁鼓风机滤网

四、更换动力蓄电池

注意事项

拆卸动力蓄电池之前，应做好安全防护措施，按规定流程断开高压电路。不要让异物，如油脂或机油，粘附到动力蓄电池的螺栓或螺母上。

1. 拆卸动力蓄电池

1）拆卸维修开关盖板螺母，断开 2 个蓄电池控制单元插接器并分离 4 个卡夹。动力蓄电池有电池外壳锁止器，此装置只能用维修开关解锁，如图 7-100 所示，使用维

扫一扫

动力蓄电池拆卸

修开关把手拆下电池外壳锁止器。

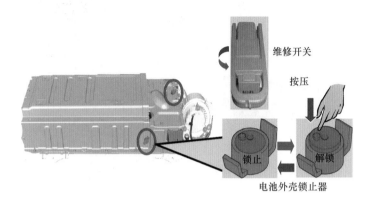

维修开关

按压

锁止　　　解锁

电池外壳锁止器

图7-100　使用维修开关把手拆下电池外壳锁止器

✎ 笔记

2）拆卸蓄电池控制单元。

用绝缘胶带将断开的高压插接器绝缘。

3）拆卸蓄电池端子盒。

4）拆卸蓄电池右侧盖分总成。

5）拆卸蓄电池接线盒总成。

6）拆卸车内电子钥匙天线总成。

7）拆卸蓄电池进气管。

8）拆卸蓄电池鼓风机总成。

9）拆卸蓄电池的互锁插接器、卡夹和螺栓。

2. 安装动力蓄电池

安装动力蓄电池与拆卸动力蓄电池步骤相反，但是要注意在将插接器连接至动力蓄电池时，应通过下列操作确认插接器连接牢固：推动插接器直至听到一声"咔嗒"声，通过拉动和目视检查并确认插接器连接牢固。

注意：在动力蓄电池周围进行维修时，不要让金属碎屑进入动力蓄电池。

五、检修动力蓄电池典型故障案例

1. 检修与动力蓄电池传感器模块失去通信故障

（1）故障现象　整车仪表盘主警告灯点亮，故障指示灯点亮，发动机不停机，整车输出功率减小，显示故障码 U029A87。

（2）故障排除方法　当显示故障码 U029A87 时，表示整车出现与动力蓄电池传感器模块失去通信故障。此时蓄电池控制单元用于检测动力蓄电池的电压、电流、温度和冷却风扇频率等信息，并通过串行通信发送检测信号至车辆 ECU。当整车出现故障时，车辆 ECU 无法正确接收来自蓄电池控制单元的信号。排除此故障应主要检查的部位有车辆 ECU、蓄电池控制单元以及线束或插接器，相关电路图如图7-101 所示。

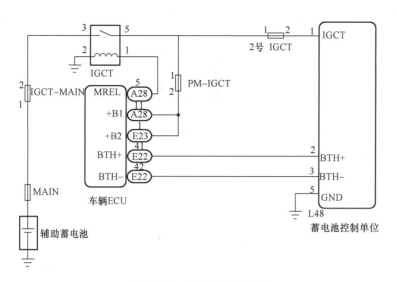

图 7-101　整车部分电路图

1）检查 DTC 输出。连接 GTS，将电源开关置于 ON（IG）位置，进入菜单：Powertrain/Hybrid Control/Trouble Codes。

2）检查 IGCT。佩戴绝缘手套，检查并确认维修开关把手未安装，拆卸后排座椅靠背总成，连接辅助蓄电池负极端子电缆，将电源开关置于 ON（IG）位置，测量蓄电池控制单元的如图 7-102 所示两端子的电压值，正常为 11～14V。测量后，将电源开关置于 OFF 位置，断开辅助蓄电池负极端子。

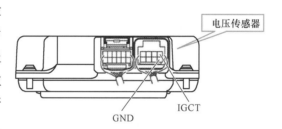

图 7-102　检查蓄电池控制单元

在维修开关把手拆下的情况下将电源开关置于 ON 位置，会导致存储其他故障码，进行该检查后清除故障码。

若以上检查结果异常，需更换电压传感器电源电路的线束或插接器。

3）检查线束和插接器。检查车辆 ECU 与蓄电池控制单元之间的线束与插接器。断开车辆 ECU 插接器 E22 与蓄电池控制单元插接器 L48。检查方法见表 7-19，端子位置如图 7-103 所示。

表 7-19　检查线束和插接器（1）

连接测试仪器	条　件	规 定 状 态
万用表测量 E22-41 和 L48-2 电阻值	电源开关 OFF	小于 1Ω
万用表测量 E22-42 和 L48-3 电阻值	电源开关 OFF	小于 1Ω
万用表测量 L48-2 和其他端子、车身搭铁电阻值	电源开关 OFF	10kΩ 或更大
万用表测量 L48-3 和其他端子、车身搭铁电阻值	电源开关 OFF	10kΩ 或更大

注意：断开插接器前，检查并确认其未松动或断开。

连接辅助蓄电池负极端子，将电源开关置于 ON（IG）位置，检查表 7-20 所示的端子之间的电压。

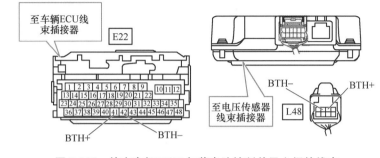

图7-103　检查车辆 ECU 与蓄电池控制单元之间的线束

表7-20　检查线束和插接器（2）

连接测试仪器	条 件	规 定 状 态
万用表测量 E22-41 和车身搭铁电压值	电源开关 ON（IG）	低于 1V
万用表测量 E22-42 和车身搭铁电压值	电源开关 ON（IG）	低于 1V

若以上检查结果异常，需更换线束或插接器。

4）检查车辆 ECU　连接辅助蓄电池负极端子，将电源开关置于 ON（IG）位置，检查表 7-21 所示的端子之间的电压。

表7-21　检查车辆 ECU（1）

连接测试仪器	条 件	规 定 状 态
万用表测量 L48-2 和 L48-5 电压值	电源开关 ON（IG）	2.3~2.7V
万用表测量 L48-3 和 L48-5 电压值	电源开关 ON（IG）	2.3~2.7V

将电源开关置于 OFF 位置，断开辅助蓄电池负极端子，检查表 7-22 所示的端子之间的电阻值。

表7-22　检查车辆 ECU（2）

连接测试仪器	条 件	规 定 状 态
万用表测量 L48-2 和 L48-3 电阻值	电源开关 OFF	4.4~5.4kΩ

若以上检查结果异常，需更换车辆 ECU。

5）若以上检查均正常，则更换蓄电池控制单元。

6）故障排除。

2. 检修高压系统互锁电路断路故障

（1）故障现象　整车仪表盘主警告灯点亮，车辆可正常行驶，显示故障码 P0A0A13。

（2）故障排除方法　整车高压系统安全装置共有 2 个位置，分别为维修开关内和逆变器盖上。如果拆下维修开关或逆变器盖时，互锁信号线路将断路。车辆 ECU 检测到安全装置（互锁）工作或检测电路发生断路，例如拆下维修开关或逆变器盖时，将禁止混合动力系统运行，切断系统主继电器，检修电路如图 7-104 所示。

故障原因有两方面，检测开关系统故障：维修开关故障。低压系统故障：车辆 ECU 故障、线束故障、插接器故障。

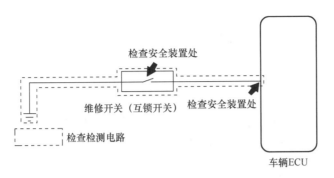

图 7-104 检修高压系统互锁电路

笔 记

1）检查 DTC 输出。连接 GTS，将电源开关置于 ON（IG）位置，进入菜单：Powertrain/Hybrid Control/Trouble Codes。

2）清除 DTC。

3）再次检查 DTC 输出。

4）将电源开关置于 OFF 位置。

5）检查维修开关把手。检查维修开关把手是否安装正确，如果异常，应正确安装维修开关。检查维修开关把手处有无污垢或异物。如有异物，须进行清洁或者更换维修开关把手。

6）检查插接器的连接情况（互锁插接器）。拆卸维修开关把手，检查并确认维修开关把手安装座上互锁插接器连接正确，如图 7-105 所示。如果异常，应使其正确安装。

7）检查插接器的连接情况（车辆 ECU 插接器）。检查车辆 ECU 插接器的连接情况。如果异常，应使其正常安装，如图 7-106 所示。

图 7-105 检查互锁插接器连接

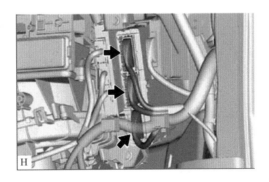

图 7-106 车辆 ECU 插接器

8）检查车辆 ECU。检查并确认维修开关把手未安装，拆下螺母并断开维修开关。断开维修开关把手（互锁开关）插接器，连接辅助蓄电池负极端子电缆，将电源开关置于 ON（IG）位置。使用万用表测量如图 7-107 所示的端子 1 与车身搭铁的电压值，规定值为 11~14V，如果异常，应检查车辆 ECU 与维修开关把手之间的线束和插接器。

笔 记

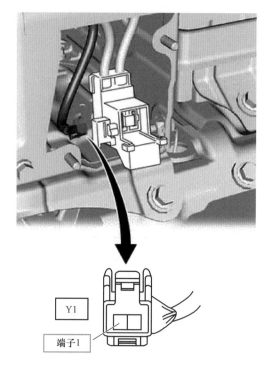

图 7-107　检查车辆 ECU

9）检查线束和插接器（维修开关把手—车身搭铁）。检查并确认维修开关把手未安装，拆下螺母并断开维修开关。在电源开关 OFF 位置时，使用万用表测量如图 7-108 所示的维修开关把手的端子与车身搭铁之间的电阻值，规定值应小于 1Ω。如果异常，应维修或更换线束或插接器。

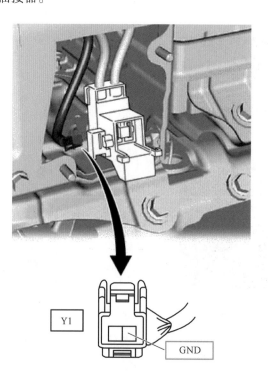

图 7-108　检查线束和插接器（维修开关把手—车身搭铁）

10）检查插接器的连接情况（互锁电路）。检查各插接器的连接情况，目视有无污垢或异物进入插接器。如有异常，需维修或更换插接器。

11）检查线束和插接器（车辆 ECU—维修开关把手）。检查并确认维修开关把手未安装。电源开关置于 OFF 位置，断开车辆 ECU 插接器 E22，断开维修开关把手（互锁开关）插接器 Y1，使用万用表测量如图 7-109 所示的 E22 的端子与 Y1-1 之间的电阻值应小于 1Ω。如有异常，需维修或更换线束或插接器。

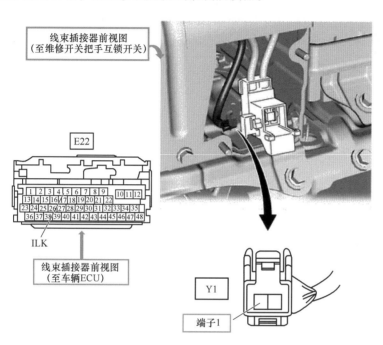

图 7-109　检查线束和插接器（车辆 ECU—维修开关把手）

12）更换车辆 ECU。

13）故障排除，恢复车辆。

学习任务6　检修混合动力系统

【学习目标】

1. 掌握混合动力系统组成及其工作原理。
2. 掌握混合动力系统的控制策略。
3. 掌握混合动力电动汽车高压安全措施。
4. 掌握检修混合动力系统典型故障案例。

【任务描述】

　　客户张先生的卡罗拉双擎混合动力电动汽车出现了混合动力冷却系统故障，客户反映整车可正常行驶，仪表盘上主警告灯点亮，故障指示灯点亮，使用故障诊断仪读取故障码为P0A9300，现作为一名维修技师请你排除此故障。

【知识准备】

一、混合动力系统组成及工作原理

1. 电机

　　卡罗拉混合动力电动汽车动力系统内有两个电机：MG1 和 MG2，MG1 和 MG2 均为紧凑、轻量化、高效的交流永磁同步电机，置于混合驱动桥总成内，由定子、定子线圈、转子、永久磁铁和解析器组成，如图7-110所示。

　　（1）电机 MG1 功用

　　1）作为发电机将发动机冗余能量转化为电能，为动力蓄电池充电或提供电能以驱动 MG2。

　　2）MG1 作为动力分离装置的控制器件，调节产生的电量以改变自身转速，从而有效地控制驱动桥的无级变速功能。

　　3）作为起动机来起动发动机。

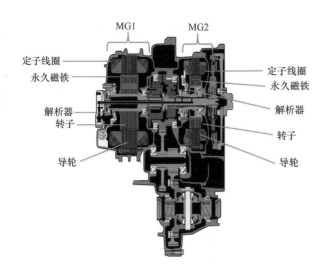

图 7-110　电机 MG1 和 MG2

（2）电机 MG2 功用

1）MG2 提供辅助动力，使用 MG1 或动力蓄电池的电能驱动驱动轮，以保证在任何工况下发动机始终在高效区域内工作。

2）当汽车在制动、下坡或驾驶人放松加速踏板时，发动机关闭，MG2 作为发电机，在汽车的惯性下，车轮带动 MG2 发电，将制动能转化为电能，为动力蓄电池充电。

（3）工作原理　当电机作为电动机，三相交流电流经定子线圈的三相绕组时，电动机内产生旋转磁场。根据转子的旋转位置和转速控制此旋转磁场，转子中的永久磁铁受到旋转磁场的吸引而产生转矩，产生的转矩实际上与电流大小成比例，且转速由交流电的频率控制。适当地控制旋转磁场与转子磁铁角度间的关系，可有效地产生大转矩和高转速。

当电机作为发电机时，转子旋转产生磁场，会在定子线圈内产生电流。

解析器是可靠性极高且结构紧凑的传感器，它可以精确地检测磁极的位置。

在 MG1 和 MG2 内部安装有温度传感器，其用于检测 MG1 和 MG2 定子的温度，车辆 ECU 总成根据温度传感器的信号对 MG1 和 MG2 进行优化控制。

2. 带转换器的逆变器总成

（1）功用及组成　逆变器总成主要由电机控制器、逆变器、增压转换器、DC/DC 变换器、高压线束和各传感器组成，如图 7-111 所示。

1）逆变器。逆变器是将高压直流电（动力蓄电池）转换为交流电来驱动电机 MG1 和 MG2，反之亦可。

2）增压转换器。增压转换器是将动力蓄电池的最高电压从 DC 201.6V 增至 DC 650V，反之亦可。

3）DC/DC 变换器。DC/DC 变换器位于增压转换器的下面，它是将动力蓄电池的最高电压从 DC 201.6V 降至 DC 14V，为车身电气设备和辅助蓄电池供电。

4）高压线束。逆变器总成的高压线束分别与动力蓄电池、MG1、MG2 和空调压缩

扫一扫

带转换器的逆
变器总成拆卸

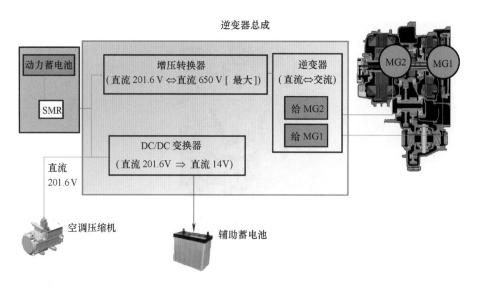

图 7-111 逆变器总成

机进行连接，如图 7-112 所示。

✎ 笔记

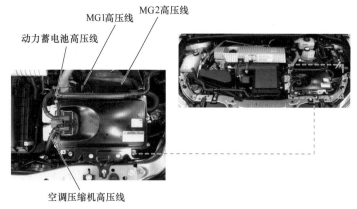

图 7-112 逆变器总成的高压线束

5）电机控制器和大气压力传感器。逆变器总成内安装有电机控制器，它用于控制逆变器和增压转换器以驱动发电机（MG1）和电动机（MG2）或使其发电。同时，电机控制器将车辆控制所需的信息（如大气压力、逆变器温度和故障信息）传输至车辆ECU 总成。

在电机控制器板上安装有大气压力传感器，该传感器用于检测大气压力并将信号传输至电机控制器，以便根据环境进行相应的修正。

6）温度传感器。逆变器总成内有 5 个不同的温度传感器，如图 7-113 所示，其中有 2 个位于 MG1 和 MG2 的 IPM 处，2 个位于增压转换器处，剩下的 1 个传感器位于电驱动系统冷却液通道。这些传感器分别检测逆变器总成内部区域的温度，并通过电机控制器将温度信息传输至车辆 ECU，车辆 ECU 根据温度信息优化冷却系统，从而保证其输出性能的稳定。

7）电流传感器。电流传感器位于逆变器总成内，用于检测 MG1 和 MG2 的三相交流电流大小，并通过电机控制器将此信号传输至车辆 ECU。

（2）工作原理 如图 7-114 所示为逆变器总成的工作原理图。

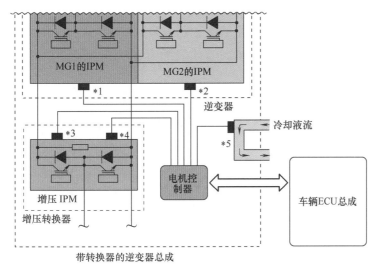

*1：MG1的IPM上的温度传感器   *4：增压IPM上的温度传感器（下部）

*2：MG2的IPM上的温度传感器   *5：冷却液温度传感器

*3：增压IPM上的温度传感器（上部）

图 7-113 逆变器总成内的温度传感器

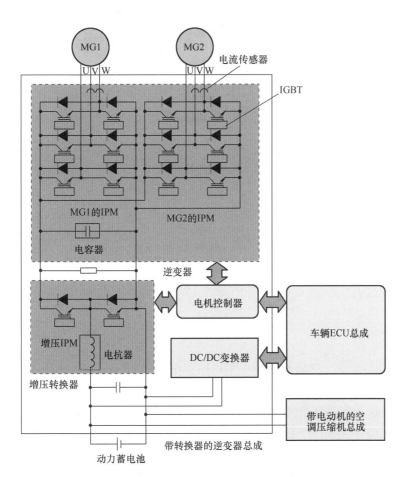

图 7-114 逆变器总成的工作原理图

1）逆变器采用 IPM 执行切换控制。MG1 和 MG2 的 IPM 各有 1 个包含 IGBT 的桥接
电路。MG1 的 IPM 采用 6 个 IGBT，每个臂使用 1 个，MG2 则采用 6 对 IGBT，每个臂

使用平行的 1 对。

2）增压转换器采用执行切换控制的增压 IPM、存储电能并产生电动势的电抗器和将增压的高压电进行充电和放电的电容器。增压 IPM 采用 IGBT2 增压，采用 IGBT1 减压。

3）根据从车辆 ECU 接收到的信号，电机控制器控制逆变器和增压转换器以驱动 MG1 和 MG2。同时，电机控制器将大气压力传感器、5 个温度传感器和所有故障信息传输至车辆 ECU 总成。

4）车辆 ECU 根据辅助蓄电池温度传感器的信号将输出电压请求信号传输至 DC/DC 变换器，DC/DC 变换器将动力蓄电池的电压降至 14V 以供电气设备使用。

（3）冷却系统　逆变器总成采用了独立于发动机冷却系统的水冷式冷却系统，并配备无刷电动水泵，对逆变器总成、MG1 和 MG2 进行冷却，如图 7-115 所示，其冷却系统的散热器集成在发动机的散热器上，确保高压系统的散热。

扫一扫

散热器拆卸

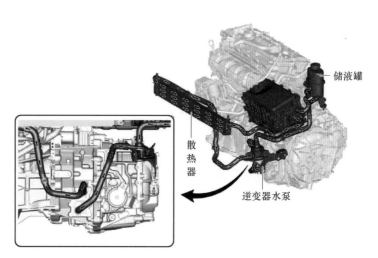

储液罐

散热器

逆变器水泵

图 7-115　混合动力冷却系统

二、混合动力系统控制策略

整车混合动力系统包括以下控制策略：

1. 整车控制

车辆 ECU 根据变速杆位置、加速踏板位置和车速计算目标原动力，通过电机控制器接收来自 MG1 和 MG2 解析器的转速信号，通过这些信息对 MG1、MG2 和发动机进行最佳组合，执行控制以产生目标原动力。另外车辆 ECU 监视动力蓄电池的 SOC 以及动力蓄电池、MG1 和 MG2 的温度等，以对这些项目进行最佳控制，如图 7-116 所示。

2. SOC 控制

车辆 ECU 根据估算动力蓄电池的充电和放电电流计算 SOC，并对动力蓄电池执行充放电控制，以将 SOC 保持在目标范围内。车辆在行驶过程中，加速时动力蓄电池放电，减速时由再生制动充电，动力蓄电池会经过反复的充电、放电循环。当 SOC 过低

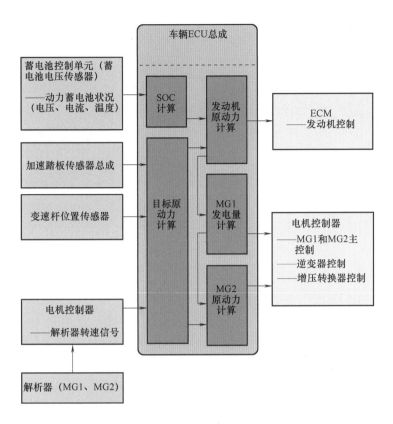

图 7-116 整车控制

时，蓄电池控制单元将动力蓄电池的相关信号，通过串行通信传输至车辆 ECU，车辆 ECU 通过计算确定 SOC，提高发动机的输出功率来控制 MG1 对动力蓄电池进行充电，如图 7-117 所示。

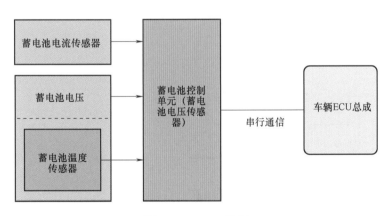

图 7-117 SOC 控制

3. 发动机控制

ECM 接收到车辆 ECU 发出的发动机目标转速和所需的发动机原动力，并控制 ETCS-i、燃油喷射量、点火正时、VVT-i 和 EGR。同时 ECM 也将发动机的工作状态传输至车辆 ECU，如图 7-118 所示。当接收到车辆 ECU 发出的停止发动机信号后，ECM 停止发动机工作。

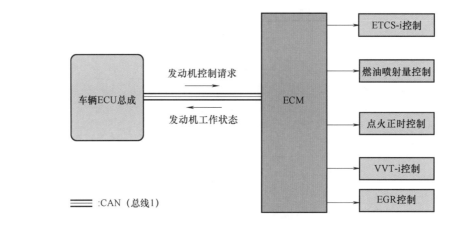

图 7-118　发动机控制

4. MG1 和 MG2 主控制

电机控制器根据接收车辆 ECU 的信号控制智能动力模块（IPM）内的绝缘栅双极晶体管（IGBT）。IGBT 用于切换各电机的 U、V、W 相。6 个 IGBT 在 ON 和 OFF 间切换，控制各电机。当作为电动机时，IPM 内的 IGBT 在 ON 和 OFF 间切换，为电机提供三相交流电，如图 7-119 所示。

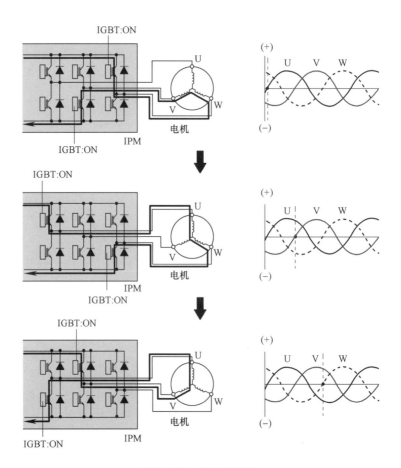

图 7-119　电动机控制

5. 逆变器控制

电机控制器根据接收自车辆 ECU 的信号控制 IPM 以切换 MG1 和 MG2 的三相交流。逆变器将动力蓄电池的直流转换为交流提供给 MG1 和 MG2，反之亦然。此外，逆变器将 MG1 产生的电能提供给 MG2，然而 MG1 产生的电流是在逆变器内转换为直流后，再被逆变器转换回交流供给 MG2 使用，原因是 MG1 输出的交流频率不适合控制 MG2，如图 7-120 所示。

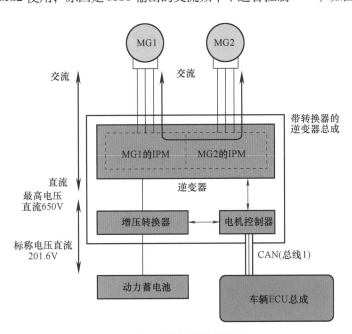

图 7-120　逆变器总成控制

当车辆 ECU 接收来自电机控制器的过热、过电流或电压故障信号时，车辆 ECU 将切断控制信号传输至电机控制器以切断 IPM。

6. 增压转换器控制

增压转换器根据车辆 ECU 通过电机控制器提供的信号，将动力蓄电池的标称电压直流 201.6V 升至最高电压直流 650V，反之亦可。增压转换器包括内置执行切换控制的 IGBT 的增压 IPM、电抗器和电容器。IGBT1 用于减压，IGBT2 用于增压。

（1）增压转换器增压　增压转换器增压的流程如下：

1）IGBT2 接通，动力蓄电池为电抗器充电，从而使电抗器存储了电能，如图 7-121 所示。

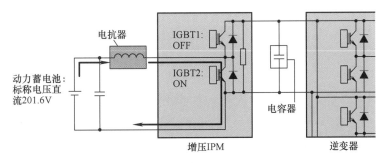

图 7-121　增压转换器增压的流程 1

2）IGBT2 断开，使电抗器产生电动势，电流从电抗器流出，该电动势使电压升至最高电压直流 650V。在电抗器产生的电动势作用下，电抗器中流出的电流以增压后电压流入逆变器和电容器，如图 7-122 所示。

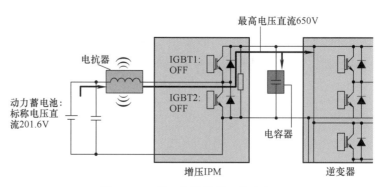

图 7-122　增压转换器增压的流程 2

3）IGBT2 再次接通，使动力蓄电池为电抗器充电，与此同时，通过释放电容器中存储的电能，继续向逆变器提供电能，如图 7-123 所示。

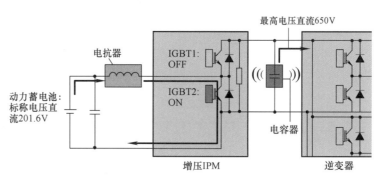

图 7-123　增压转换器增压的流程 3

（2）增压转换器减压　MG1 或 MG2 产生的用于为动力蓄电池充电的交流电被逆变器转换为直流电（最高电压为 650V），需要使用增压转换器将电压逐步降至 201.6V，此过程是利用占空比控制使 IGBT1 在 ON 和 OFF 之间切换，间歇性地中断逆变器对电抗器的供电完成的，如图 7-124 所示。

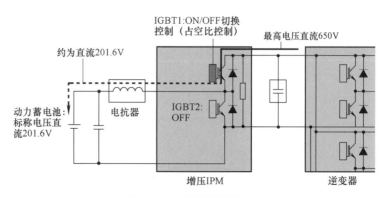

图 7-124　增压转换器减压

7. DC/DC 变换器控制

DC/DC 变换器将动力蓄电池的电压降至 14V，为电气设备供电，并为辅助蓄电池充电。车辆 ECU 根据辅助蓄电池温度传感器的信号将输出电压请求信号通过电机控制器传输至 DC/DC 变换器，DC/DC 变换器调节输出电压为电气负载和辅助蓄电池供电，如图 7-125 所示。

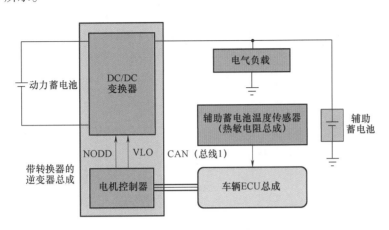

图 7-125　DC/DC 变换器控制

8. 系统主继电器控制

车辆 ECU 控制系统主继电器以连接和断开动力蓄电池的高压电路，另利用系统主继电器的工作正时监视继电器触点的工作情况，主继电器包括 3 个继电器，1 个用于正极侧（SMRB），2 个用于负极侧（SMRP 和 SMRG），如图 7-126 所示。

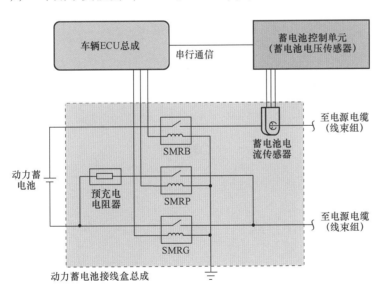

图 7-126　系统主继电器控制

1）当混合动力系统切换至 READY 状态时，车辆 ECU 依次接通 SMRB 和 SMRP，并通过预充电电阻器施加电流，随后接通 SMRG 并绕过预充电电阻器施加电流，然后断开 SMRP。由于受控电流以这种方式首先经过预充电电阻器，从而保护了电路中的触点，避免其因涌流而受损，如图 7-127 所示。

2）当混合动力系统切换至 READY 状态以外的状态时，车辆 ECU 首先断开 SMRG，接下来，当确定 SMRG 是否正常工作后，断开 SMRB。然后再确定 SMRB 是否正常工作

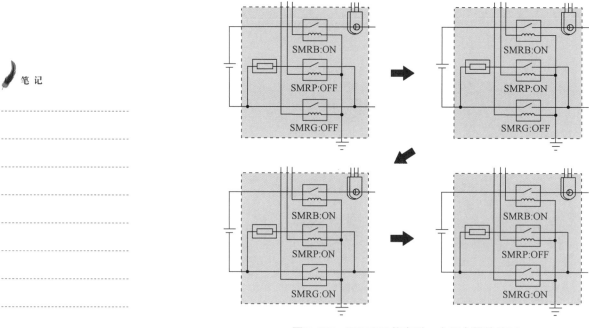

图 7-127 READY 状态时，主继电器的控制

后，接通 SMRP，然后断开。这样，车辆 ECU 总成便可确认相关继电器已正确断开，如图 7-128 所示。

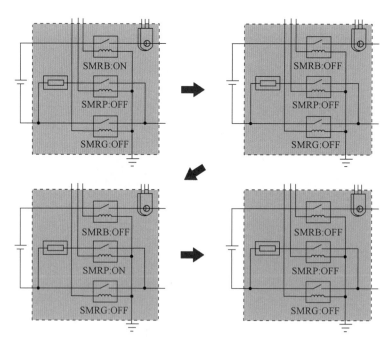

图 7-128 READY 以外状态时，主继电器的控制

9. 混合动力冷却系统的控制

车辆 ECU 接收来自逆变器总成的温度传感器、MG1 的温度传感器和 MG2 的温度传感器的信号后，使用占空比控制驱动逆变器水泵总成，以冷却逆变器总成、MG1 和 MG2，如图 7-129 所示。当冷却液温度超过特定值时，车辆 ECU 将散热器风扇驱动请求信号传输至 ECM，ECM 驱动散热器风扇以抑制冷却液温度升高。其中电机控制器将

温度传感器信号转换成数字信号，并通过 CAN 通信将其传输至车辆 ECU。

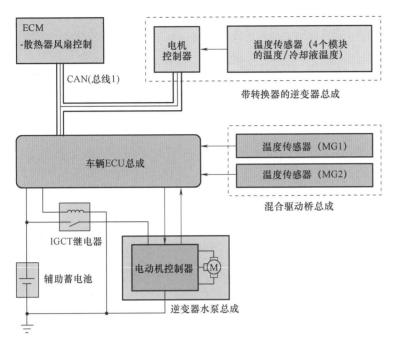

图 7-129　混合动力冷却系统的控制

10. 蓄电池冷却系统控制

　　蓄电池控制单元将动力蓄电池的相关信号（电压、电流和温度）转化为数字信号，并通过串行通信将其传输至车辆 ECU，另外蓄电池控制单元检测执行冷却系统控制所需的鼓风机转速。车辆 ECU 接收来自蓄电池温度传感器和蓄电池进气温度传感器的信号后，使用占空比控制对蓄电池鼓风机总成进行无级驱动，以使动力蓄电池的温度保持在规定范围内，如图 7-130 所示。

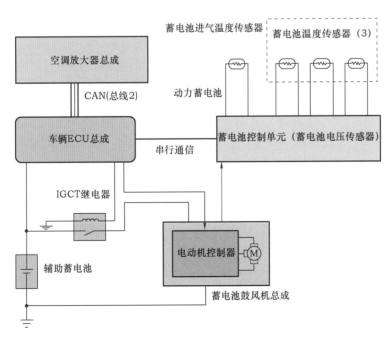

图 7-130　蓄电池冷却系统控制

11. 诊断控制

车辆 ECU 检测到混合动力系统出现故障时，将执行诊断并存储与故障相关的信息。车辆 ECU 点亮或闪烁故障指示灯以告知驾驶人出现故障，同时将诊断故障码存入存储器中。

三、混合动力电动汽车高压安全措施

高压安全包括两方面：高压电路绝缘和高压电路切断。混合动力系统可检测到高压系统与车身搭铁之间的绝缘电阻是否减小。

1. 高压电路绝缘

高压电路绝缘用于动力蓄电池、带转换器的逆变器总成、混合驱动桥总成和带电动机的空调压缩机总成之间，如图 7-131 所示。所有这些部件均由电源电缆连接并用外壳和盖绝缘，同时利用内置于电气绝缘体的网状导体对电源电缆（线束组）进行屏蔽。屏蔽装置与车辆底盘搭铁，目的是为防止电磁干扰。

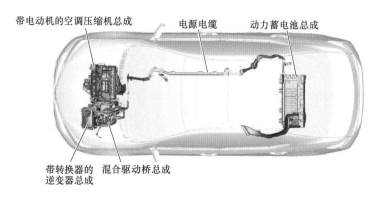

图 7-131   高压电路绝缘部件

2. 高压电路切断

高压电路可自动或者手动切断，以防止触电，如图 7-132 所示。当整车出现表 7-23 所示情况时，车辆 ECU 总成会自动切断系统主继电器（SMR）。

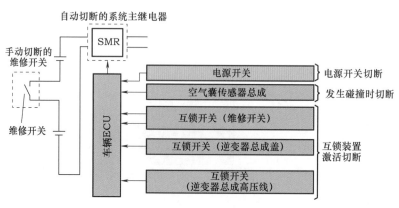

图 7-132   高压电路切断

笔记

表 7-23　高压电路切断情况

自动切断 系统主继电器（SMR）	电源模式切断	当电源开关置于 OFF 位置时，SMR 被切断
	发生碰撞时切断	车辆 ECU 接收由空气囊传感器总成发出的碰撞发生信号时，会切断 SMR
	互锁装置激活切断	当维修开关、逆变器总成盖或高压线束未正常安装时，互锁装置将切断 SMR
通过维修开关手动切断		当检查或维修高压电路时，要拆除维修开关把手（拆除维修开关后等待 10min）

四、检修混合动力系统典型故障案例

1. 检修混合动力冷却系统故障

（1）故障现象　整车仪表盘主警告灯电亮，故障指示灯点亮，车辆可正常行驶，显示故障码为 P0A9300。

（2）故障排除方法　当整车出现该 DTC 表示逆变器内部温度异常，故障起因可能是下列之一。

① 逆变器内部故障：逆变器内部电路故障、控制逆变器的 ECU 故障、逆变器控制传感器故障。

② 混合动力冷却系统故障：冷却液泄漏，液位不足、冻结或管道阻塞，格栅阻塞。

1）检查 DTC 输出。连接 GTS，将电源开关置于 ON（IG）位置，进入混合动力控制和电机控制菜单。

2）检查逆变器总成插接器的连接情况。检查并确认维修开关把手未安装，检查逆变器总成低压插接器的连接情况和各端子的接触压力。检查端子是否变形、插接器是否进水或存在异物。若未连接牢固，应重新连接；若已变形，应更换。

3）检查冷却系统。

① 确保散热器格栅的前侧未被物体堵塞。

② 检查冷却液液位。

③ 检查冷却液有无泄漏。

④ 检查冷却液软管有无扭曲或阻塞。

⑤ 使用 GTS 主动测试，控制电动冷却风扇，若不工作，需检查冷却风扇系统。

⑥ 使用 GTS 主动测试，激活逆变器水泵，若异常需更换逆变器水泵总成。

⑦ 使用 GTS 读取值。将电源开关置于 ON（READY）位置并在发动机停止后等待 1min，读取数据表。如显示温度值高于其他数据表项目显示的温度 20℃ 或更高，则更换逆变器总成。

⑧ 检查冷却液有无冻结。使用 GTS 读取定格数据项目环境温度，检查定格数据项目环境温度是否低于冷却液的冻结温度。若低于应更换冷却液。

⑨ 更换冷却液。

笔记

⑩ 重新检查 DTC 输出，确认故障有无排除。

2. 检修驱动电机控制模块内部电子故障

（1）故障现象　整车仪表盘主警告灯电亮，故障指示灯点亮，车辆输出功率减小，持续发生故障时，混合动力系统停止工作，显示故障码为 P0A1B49。

（2）故障排除方法　电机控制器内置于逆变器总成，它监视其内部工作状况并在系统发生故障时存储 DTC。当出现此故障码时，需要更换逆变器总成部件。

更换方法如下：

1）拆卸维修开关把手。

2）拆卸发动机底罩总成。

3）排空电驱动系统冷却液。

4）拆卸空气滤清器盖分总成。

5）拆卸空气滤清器进气口。

6）拆卸空气滤清器壳分总成。

7）移动锁杆，断开发动机舱主线束，如图 7-133 所示。

8）拆卸逆变器盖，如图 7-134 所示。

① 拆除维修开关后，等待 10min 或更长时间以便高压电容放电。

② 拆卸逆变器盖。

图 7-133　断开发动机舱主线束

逆变器盖

图 7-134　拆卸逆变器盖

注意：在拆卸逆变器盖后，用无残留型胶带遮盖以防止异物进入。

③ 确认高压电容端子电压为 0V（量程：750V 或更大）。

9）断开发动机线束。发动机线束如图 7-135 所示。

10）断开逆变器上的动力蓄电池高压线束。逆变器上的动力蓄电池高压线束如图 7-136 所示。

11）断开逆变器上的空调线束。逆变器上的空调线束如图 7-137 所示。

12）断开电驱动系统储液罐总成。电驱动系统储液罐总成如图 7-138 所示。

13）拆卸逆变器侧盖。逆变器侧盖如图 7-139 所示。

图 7-135　发动机线束

图 7-136　动力蓄电池高压线束

图 7-137　逆变器上的空调线束

14）断开电机电缆。电机电缆如图 7-140 所示。

15）断开发动机舱 2 号线束。发动机舱 2 号线束如图 7-141 所示。

16）断开逆变器冷却软管。

17）拆卸逆变器总成。

18）更换新逆变器总成。

19）重新检查 DTC 输出，确认故障有无排除。

图7-138 电驱动系统储液罐总成

图7-139 逆变器侧盖

图7-140 电机电缆

发动机舱2号线束

图7-141 发动机舱2号线束

参 考 文 献

[1] 麻友良，严运兵. 电动汽车概论 [M]. 北京：机械工业出版社，2012.

[2] 赵金国，李治国. 新能源汽车高压安全与防护 [M]. 北京：人民交通出版社，2017.

[3] 瑞佩尔. 图解混合动力汽车结构·原理与维修 [M]. 北京：化学工业出版社，2017.

[4] 李伟. 手把手教您学修混合动力汽车 [M]. 北京：机械工业出版社，2015.

[5] 霍尔德曼，马丁. 混合动力与替代燃料汽车 [M]. 夏志强，陈黎明，译. 北京：机械工业出版社，2014.

[6] 谭克诚，宛东. 混合动力汽车构造、原理与检修 [M]. 北京：化学工业出版社，2016.

[7] 姚科业. 看图学修汽车混合动力系统 [M]. 2 版. 北京：机械工业出版社，2016.

[8] 陈社会. 混合动力汽车构造与维修 [M]. 北京：机械工业出版社，2017.

[9] 曹振华. 混合动力汽车原理与维修技术从入门到精通 [M]. 北京：电子工业出版社，2014.